KB211138

이것이 목회의
본질이다

국제제자훈련원은 건강한 교회를 꿈꾸는 목회의 동반자로서 제자 삼는 사역을 중심으로
성경적 목회 모델을 제시함으로 세계 교회를 섬기는 전문 사역 기관입니다.

이것이 목회의 본질이다

초판 1쇄 발행 2004년 5월 8일
초판 17쇄 발행 2018년 12월 17일

지은이 옥한흠

펴낸이 오정현
펴낸곳 국제제자훈련원
등록번호 제2013-000170호(2013년 9월 25일)
주소 서울시 서초구 효령로 68길 98(서초동)
전화 02)3489-4300 **팩스** 02)3489-4329
이메일 dmipress@sarang.org

ISBN 978-89-5731-030-4 03230

※ 책값은 뒤표지에 있습니다. 잘못된 책은 구입하신 곳에서 교환해드립니다.

이것이 목회의
본질이다

우리가 그를 전파하여 각 사람을 권하고 모든 지혜로 각 사람을 가르침은 각 사람을 그리스도 안에서
완전한 자로 세우려 함이니 이를 위하여 나도 내 속에서 능력으로 역사하시는 이의 역사를 따라 힘을
다하여 수고하노라.

옥 한 흠

국제제자훈련원

 서문

자신의 경험만을 의지하는 노련한 농부는 새로운 기술을 배우거나 개선하려는 노력을 하지 않는다. 전통적인 농사 방식이 최고의 선이라고 믿고, 소출을 늘리기 위해 선택하는 것은 농약의 살포 양을 늘리는 것뿐이다. 그 결과 땅은 죽어 가고, 종국에는 사람을 병들게 한다. 그들에게 있어 땅을 살리는 유기농법은 아무짝에도 쓸모없는 농법일 뿐이다. 눈앞의 결과만을 쫓는 그들은 땅을 살리는 길이 자신이 살고, 모두가 사는 길이란 것을 알지 못한다.

이는 한국 교회 현실에서도 똑같이 적용된다. 대부분의 목회자들이 목회의 본질을 망각한 채 전통적인 목회 방식의 노예로 지내거나 성장과 부흥이라는 신기루를 쫓아 갖가지 세미나를 기웃거리고 있을 뿐이다. 그 결과 한국 교회는 병들어 가고, 성도들은 건강을 잃어 가고 있다. 건강한 교회, 건강한 크리스천으로 사회를 선도하기보다는 타락한 세상 문화에 동화되어 지탄의 대상으로 전락했다.

　한국 교회의 미래는 다음 세대 목회자들의 어깨에 달려있다. 눈앞에 주어진 풍요를 구가하며 다음 세대를 위한 어떠한 준비도 하지 못했다는 비판의 자리에 서 있는 우리 세대 목회자들의 잘못으로 그들의 어깨는 한층 무거워져 있다. 그러나 아직 포기할 때는 아니다. 목회의 본질을 붙들고 한 사람의 변화에 집중할 때, 주님께서는 넘치는 은혜로 부어 주실 것이다. 눈앞의 이익보다는 미래를 내다보는 안목이 필요하다. 유기농법으로 농사를 지으면 얼마간 병충해가 기승을 부릴 것이다. 마찬가지로 교회의 건강을 회복하기 위한 노력 앞에는 여러 가지 장애가 도사리고 있다. 병충해 해결을 위해 쉽게 선택할 수 있는 것은 농약을 살포하는 것이고 여의치 않으면 그 양을 늘리면 된다. 그러나 이것은 미봉책에 불과하다. 농약 살포 양을 늘린다면 병충해는 막을 수 있을지 모르지만 근본이 되는 땅이 죽어 간다는 사실을 간과해서는 안 된다.

　교회의 건강을 회복하고 모든 성도들을 그리스도의 장성한 분량까지 성장시키기 위해서는 수많은 난제와 영적 전투를 벌여야 한다. 이 영적 전투에서 이기기 위해서는 주님이 가르쳐주신 목회 본질과 흔들리지 않는 목회 철학이 있어야 한다. 시류에 휩쓸려 유행을 좇기보다는 다소 더디더라도 본질을 붙들고 나아간다면 선한 결과를 낳을 수 있을 것이다. 목회자의 역할은 영광의 자리에 서는 것이 아니라 평신도가 제자리에 서서 제 역할을 할 수 있게 헌신하는 것이다. 하나님께서는 언제나 한 사람에 주목하고 그를 준비시킨 후 그를 통해 주님의 일을 이루신다. 이것이 지금까지 하나님이 일해 오신 걸음이요, 발자국이다.

하나님께서 한 사람에 주목하신 것처럼 우리도 한 사람에 주목하고 헌신해야 한다. 예수 그리스도께서 섬김의 모범을 보이신 것처럼 우리도 그들을 섬겨야 한다. 목회자가 서 있어야 할 자리는 종의 자리이다. 모든 영광은 오직 주님만이 받으셔야 한다. 우리는 주님의 영광과 섬김을 위한 도구일 뿐이다. 본질을 붙들고 섬김의 도를 다할 때, 썩어 가는 악취를 털어내고 건강한 교회와 성도로 거듭날 수 있을 것이다. 그리고 우리는 희망의 내일을 노래할 수 있을 것이다.

2004년 여름,
옥한흠.

차례

교회로 교회 되게 하라

–평신도, 교회의 주체

교회(the whole church)는 평신도의 교회다.

목사 역시 이 교회를 위해 존재하는 것이다.

목사의 할 일은 평신도가 제자리에 서서 제 역할을 하게 헌신하는 것이다.

하지만 한국 교회는 오랫동안 평신도를 목회의 대상으로 보았지, 목회의 주체로 보지 않았다. 이것이 숫자만 많은 한국 교회가 사회 앞에서 오합지졸로 변해버린 이유가 될 것이다.

교회로 교회 되게 하라
-평신도, 교회의 주체

    나는 내 인생 대부분의 시간을 아날로그 세대에 목회하며 보냈다. 때문에 성도들과 마음이 잘 통하는 편이었다고 자평한다. 과거에는 성도들이 목사 말에 순종하는 순진함이 있었고, 가르치면 가르치는 대로 듣고, 불만이 있어도 노골적으로 표현하지 않았다. 목사와 평신도 사이에 지켜야 하는 나름의 원칙이 있었다. 그리고 암묵적인 공감대가 있었다.

    그러나 이미 도래한 디지털 세대의 목회는 그리 녹록해 보이지 않는다. 이 사람들을 대상으로 하는 목회는 그리 쉬운 일이 아님에 틀림이 없다. 세상과 함께 병들어 가고 있는 그들에게서 희망을 찾는다는 것은 과거에 비해 훨씬 어려워 졌다.

    이렇듯 주어진 상황이 악한데, 나를 비롯한 많은 전 세대의 목회자들이 다음 세대 목회자들에게 너무나 큰 짐까지 지워 주고 떠나는 것 같아 마음이 아프다. 부끄럽게도 교회는 하루가 다르게 세속화되어 가고, 목회자들은 너무나 타락했다. 이러한 상황을 보고 개탄하지 않는 사람은 교회에서 지도자로 설 자격이 없다. 그러나 가치관과 양심이 왜곡된 지도들이 교회 안에서 큰소리를 치고 있다. 그로 인해 기독교의 본질마저 퇴색되어 가고 있는 것이 아닌가 하는 생각이 든다. 이렇게 해결해야 할 산적한 문제들을 다음 세대에 떠넘긴 채 역사의 뒤안길로 사라져야 한다는 것이 참으로 가슴 아프다.

앞서 간 나의 선배들은 우리를 위해 믿음의 씨앗을 뿌렸고, 신앙의 본을 보였으며, 옥토를 만들기 위한 밑거름이 되었다. 그들은 신앙을 지키기 위해 순교의 피를 흘렸다. 거룩하게 살기 위해 몸부림을 쳤다. 그날 끼니를 때울 음식이 없으면, 뒷산에 올라가 "주님, 한 끼 굶으며 주의 일 하게 하심을 감사 드립니다" 하고 찬양하는 본을 보였다. 교회 사이즈에 주눅 들지 않았고, 하나님이 명령만 하시면 어디든지 가겠다는 뜨거운 소명감을 가지고 살다 간 위대한 선배들이었다. 그렇기 때문에 그들은 일제의 탄압에서도 기독교의 자존심을 지켜낼 수 있었다. 한국전쟁을 통해 민족적인 고난을 겪을 때에도 그들은 가마니를 깔아 놓고 기도하면서 한국 교회를 지켰다. 한국 교회 부흥의 불씨가 되었으며, 주역이 되었다.

그러나 근대화와 함께 한국 교회의 부흥을 맛보면서 목회자의 길을 걸어 온 나의 세대는 불행하게도 다음 세대에게 모범이 되지 못했다. 부흥의 달콤함에 젖어 타락의 길을 걸어왔다. 그 결과 본을 보이기보다 오히려 많은 과제를 남겨 놓고 물러가는 추한 뒷모습을 보이고 있다. 지금 한국 교회는 어떤 위치에 서 있는가? 한국 교회가 세상에서 제구실을 하고 있다고 자부할 수 있는가? 가정에서 제구실을 하고 있는가? 숫자놀음에 빠져 스스로의 문제를 볼 수 없는 장애를 안고 있는 것이 한국 교회의 현실이다. 한국 교회는 이 사회에서 순기능을 발휘하지 못한 지 이미 오래다. 교회가 있음으로 인해 사회가 도움을 받는 부분이 도대체 어디에 있단 말인가. 냉정하게 생각해 보라.

'한국 교회 미래를 준비하는 모임'에서 한국 갤럽에 의뢰해 설문조사를 한 결과는 우리 자신을 돌아보게 한다. 종교가 없는 사람들에게 물었다. "만약 종교를 갖게 된다면 어떤 종교를 택하겠는가?" 이에 대해 가장 많은 사람들이 불교, 그 다음이 가톨릭, 그리고 너무너무 적은 숫자가 기독교를 택하겠다고 응답했다. 이유는 무엇인가? 이미 교회가 교회로서의 생명력을 잃어버렸기 때문이다. 짠맛을 잃어버린 것이다. 이것은 다음 세대 목회자들에게는 엄청난 짐이 될 것이다.

작금의 시대는 사회도, 정치도, 경제도, 문화도 소망이 없는 시대이다. 따라서 차세대 목회자들은 신학교에 다닐 때부터 하나님 앞에서 철저하게 다듬어져야 한다. 언제든지 하나님의 부르심에 응답할 준비가 되어 있어야 하는 것이다. 한국 교회의 미래는 차세대 목회자들 손에 달려있다. 다가오는 시대에는 교회가 당대의 소망의 빛으로 타올라야 한다. 그럴 때 썩어버린 이 사회도 교회가, 목회자들이 책임질 수 있을 것이다. 교회만 제대로 서면 교회를 만난 사람들이 제대로 서고, 거룩한 삶이 갖는 능력을 발휘하게 되면 사회도 살아나고 국가도 살아날 것이다. 위기가 없으면 인물이 태어나지 않는다. 오늘의 위기는 하나님이 목회자들을 크게 사용하시는 근거가 될 것이다.

나는 신학교에 다닐 때만 해도, 선배 목사들의 모습을 보면서 '목회는 저렇게 하면 되는 거구나' 하는 막연한 생각을 가지고 있었다. 말하자면 '어떻게 하면 선배들이 보여주는 모습대로 나도 잘 따라갈 수 있을까' 하는 고민만 했던 것이다. 선배들이 보여주는 목회가 정말 성경이 말하는 목회의 본질인지에 대해서는 고민하지 않았다. 그러한 문제로 고민하게 될 기회나 자극도 없었다. 우물 안 개구리처럼 교수니 주변 목회자들이 보여주는 모습대로 틀 안에 갇힌 사고를 했던 것이다.

그러나 내 마음속 한구석에는 명쾌한 답을 얻을 수 없는 질문이 있었다. '목회자가 저렇게 심혈을 기울여 평생을 목회하는데도 왜 사람들은 변하지 않는 것일까. 왜 안수집사가 되고, 장로가 되면 순수한 자세를 잃어버리고, 급기야 교회에 걸림돌이 되는 것일까. 왜 교회가 부흥하지 못하는 걸까.' 교회 밖으로 한 발짝만 나가면 전도해야 할 사람들이 그렇게 많은데, 왜 문 안에서 패를 가르고 싸우고들 있는지 답답할 노릇이었다. 이런 교회를 맡아서 평생 씨름하다가 일생을 마치는 것이 목회인가 하는 생각도 들었다.

그도 그럴 것이 나는 다니는 교회마다 좋은 모습을 보기가 어려웠다. 어려서부터 몸담고 있었던 시골 교회조차도 내게 너무나도 큰 상처를 주었다. 내게 제일 먼저 상처를 준 사람은 장로였다. 내가 예수님의 사랑에 푹 젖어서 천국처럼 세상을 살던 초등학교 시절에 교회의 지도자가 나에게 상처를 준 것이다. 100명도 안 되는 그 작은 시골 교회에 목사가 오면 3년을 버티지 못했다. 그 장로의 눈에 들지 못하면 3년이 아니라 1년 안에라도 쫓겨나는 판국이었다.

한번은 신학교를 갓 졸업한 아주 좋은 목사님이 오셨다. 설교도 은혜롭게 잘하시고, 주일 오후면 동네에 나가 북을 치며 전도하는 분이었다. 그러면 나는 그 뒤를 졸졸 쫓아다니며 목사님이 전도하는 모습을 지켜보곤 했다. 그리고 어떤 때는 동네에서 가장 높은 산에 올라 40일 금식기도를 하고 내려오시기도 했다. 나의 눈에는 천사와 같은 사람이었다. 교인들도 목사님을 잘 따를 수밖에 없었다. 이렇듯 교인들의 관심이 목사님에게 집중되자 장로 부부가 목사님을 질투하기 시작했다.

2년이 지나자 그 장로는 목사님에게 나가라고 했다. 목사님은 나가지 않았다. "나는 하나님이 보내서 왔으니, 하나님이 나가라고 하시기 전에는 나가지 않습니다." 그랬더니 하루는 목사님을 방에 가두어놓고 얼굴에 상처가 남을 정도로 심하게 폭행했다. 그래도 나가지 않자 새벽기도회 시간에 와서 행패를 부리며 헌금 바구니에 달린 막대로 호롱불을 밝혀 놓은 등잔을 전부 깨뜨려버렸다. 결국 목사님은 교회를 떠나게 되었다.

나는 어려서 세상만도 못한 교회를 보고 자랐다. 서울로 올라와서 학교를 다니고, 졸업 후에 전도사를 하면서도 교회의 좋은 모습은 볼 수 없었다. 교회마다 똑같은 문제를 안고 있었다. 나는 장로교라는 이름을 좋아하지 않는다. 교회의 지도자 몇 사람이 항존직을 받고, 마치 그 사람들을 위해 교회가 존재하는 것 같은 인식을 주기 때문이다. 장로 몇 사람 때문에, 혹은 목사 한 명 때문에 온 교회가 고통을 당해야 하니 말이다. 어쩌면 '장로교'라는 이름이 장로교의 최대의 치부를 드러내는 것일 수도 있다. 만약 한국의 장로교가 이렇게 역기능을 하지 않았더라면 한국 교회는 완전히 달라졌을 것이다. 한국 교회의 위상이 지금과 같을 수가 없을 것이다. 어쩌면 우리나라가 거의 완전히 복음화되었을지도 모른다.

내가 존경하던 한 목사님은 영어와 일어에 능통했고, 부흥사에,

학구적이기까지 했다. 내가 그분을 모시고 3년 동안 사역하면서 얼마나 많은 은혜를 받았는지 모른다. 그분과 함께 부교역자로 교회를 섬기고 있을 때 그분은 늘 이런 말씀을 하셨다. "옥 목사, 나 시집 잘못 왔어." 당회만 했다 하면 장로들이 고함을 지르며 싸우고, 교회를 위하기보다 자기 입장만 살피는 식이었다. 내가 그 교회에 부교역자로 들어갈 때에도 남쪽 사람이라 안 된다고 장로들이 들고 일어났을 정도였다. 그 목사님은 하루 저녁 당회에서 시달리고 나면 그 다음날은 이불을 뒤집어쓰고 나오지를 않으셨다. 교회에 대한 환멸이 생기니 목사가 자기 자신을 가눌 수가 없었던 것이다.

나는 이런 한국 교회가 너무 싫었고, 목사는 더더욱 하기 싫었다. 게다가 나는 어려서부터 한국 교회에 정말 필요한 것은 믿음 좋은 평신도라고 생각했다. 그래서 목사 안 하겠다고 도망을 다니다가 결국은 하나님께 강제로 붙들려 이렇게 30년이 넘게 사역을 해 왔다.

처음 신학교에 입학했을 때, 내게는 강한 열망이 있었다. 딱 한 번뿐인 나의 인생을 바쳐서 목회하는 것인데, 장로 몇 사람 때문에 내 목회 인생을 망치고 싶지 않다는 생각이었다. 평신도들이 제자리걸음만 하는 교회의 목회는 하고 싶지 않았다. 성경이 이야기하는 그 교회, 예루살렘교회가 이 시대, 이 땅에도 가능하다는 것을 내 목숨을 걸고 보여주고 싶었다. 그러나 어떻게 해야 그런 교회를 만들 수 있을지 알지 못했다. 가르쳐 주는 사람도 없었다. 그래서 존경하는 선배들의 모습을 보면서, '저렇게만 따라하면 그런 교회를 세울 수 있겠지' 하는 막연한 기대를 가지고 신학교를 졸업했다.

그리고 부교역자로 교회에 들어갔을 때 하나님은 내게 재적 인원이 1명뿐인 대학부를 맡기셨다. (사실 그때만 해도 한국 교회에 양심이 있었다. 지금은 제일 믿을 수 없는 통계가 교회 통계고, 그 통계를 제일 못 믿는 사람이 목사들이질 않은가. 그러면서도 그걸 탓하면 믿음의 수치라고들 말한다.) 그 교회는 장년이 800명 정도 출석하는 교회였는데, 언제부터인지 모르겠지만 주보에 나오는 대학부 예배 참석자 숫자에는 늘 "1명"이라고 적혀 있었다. 담임목사님이 내게 그 대학부를 맡겼을 때 나는 위기의식을 느꼈다.

제일 먼저 유일하다는 그 대학부 회원을 찾아가 보았다. 고려대학교에 다니는 학생이었는데, 회장이라고 했다. 회장이라 차마 못 떠난 것이다. 그를 데리고 대학부를 하다가는 나도 똑같이 되겠다 싶어서 1학년 들어오는 신입생들을 독려하기 시작했다. 지푸라기라도 잡고 싶은 심정이었다. 파라처치(복음주의 선교단체)에는 청년들이 몰려가고 변화가 일어나는데, 어째서 교회의 대학부는 텅텅 비어 죽은 송장처럼 멍하니 앉아 있는 것인가. 왜 고등부만 졸업하면 다들 대학부를 빠져나가는가. 나에게는 큰 숙제였다.

파라처치 단체의 지도자들이 특별히 뛰어나 보이지도 않았다. 그들 중에는 신학교를 안 나온 사람이 더 많았다. 그런데도 불구하고 학생들이 그들로 인해 비전을 발견하는 이유는 무엇인가. 나는 그들에게 배우고 싶었다. 그러나 내가 가서 그것을 직접 배울 수는 없었고, 당시 2학년이던 방선기 학생(현 직장사역연구소 소장, 목사)에게 네비게이토에 가입해서 그 비결을 배우고 내게 좀 그대로 가르쳐 달라고 부탁했다. 그리고 나는 그가 가져다 준 자료들을 통해 제자훈련에 눈을 뜨기 시작했다.

사실 처음에는 자료를 보고 실망했다. 특별한 것을 발견할 수 없었기 때문이다. 그런데 6개월쯤 지나자 그 학생이 변하기 시작했다. 전형적인 기독교 집안의 자녀였는데, 갑자기 어느 날부터인가 눈이 빛나고 가슴이 뜨거워지더니, "우리 주님이 나를 위해 십자가에서 죽으신 걸 생각하면 눈물이 납니다" 뭐 이런 소리를 하는 거였다. 기가 찰 노릇이었다. '도대체 여기에 뭐가 있단 말인가.' 나는 다시 낮은 자리로 돌아가 내가 보지 못한 그것을 찾아 나섰다.

<SCL>, <브릿지>, <메모리팩> 등 네비게이토에서 쓰는 모든 자료들을 탐독했다. 그리고 마침내 나는 그것을 발견했다. 거기에는 복음이, 훈련이, 비전이 있었다. 하지만 기성 교회 대학부에는 복음은 없고 교리만 있었다. 훈련은 없고 회의만 많았다. 비전은 없고 행사만 있을 뿐이었다. 내게는 이것이 인생을 바꾼 중대한 발견이었다.

파라처치 단체에서 훈련받는 학생들은 십자가 앞에서 감격이 있었다. 그들이 들은 복음에는 죄를 회개하는 아픔이 있었다. 거듭난 사람의 기쁨이 있었다. 그들의 가슴속에는 '주님이 나를 위해 돌아가셨다'는 사실 때문에 어떤 것이라도 포기할 수 있는 열정이 있었다. 이것은 살아 있는 복음이었다. 반면 기성 교회의 대학부에서는 복음 제시를 하고, 복음 설교를 하고, 웨스트민스터 신앙고백을 외우게 하지만 가슴에 주님을 향한 뜨거운 열정을 심어 줄 수 없었다. 복음이 없었기 때문이다. 기성 교회는 공과공부도 열심히 하고, 유명 강사를 불러다가 강의도 듣지만 사람을 변화시키는 비전이 없었다. 영적 훈련이 없었던 것이다. 그리고 젊은이들에게 전 세계를 하나님의 나라로 바꾸고자 하는 생명과 같은 비전을 심어 주지 못했다. 대학부에서 가장 큰 비전은 회장이 되는 것이었다. 그러니 회장이 되지 못한 사람들은 다 떠날 수밖에 없었던 것이다.

질문에 대한 답을 찾게 되자, 나 자신부터 옷을 갈아입기 시작했다. 처음에는 7, 8명, 나중에는 12명쯤 되는 대학생들을 데리고 제자훈련이라는 실험을 시작했다. 그리고 네비게이토에서 훈련을 받던 방선기 학생에게는 내가 잘 못하면 지적해 달라고 부탁해 두었다. 제자훈련을 하면서 나 자신부터 딴 사람이 되었다. 1년 반 동안 제자훈련을 함께 한 학생들에게서도 놀라운 변화가 일어났다.

우리에게는 공휴일이 없었다. 쉬는 날이면 함께 산에 가서 기도하고, 말씀 나누고, 교제했다. 여름과 겨울에는 일주일씩 시간을 내서 기도원에 갔다. 주일이면 11시 대예배를 마치고부터 오후 5시 30분까지 모임을 가졌다. 도시락을 싸 가지고 다니면서 제자훈련을 계속했다. 나는 주일 설교를 한번도 하지 않았다. 설교는 훈련받은 리더들이 했고 나는 뒤에서 그들을 지켜보며 지원하는 역할을 했다. 주말에는 제자훈련을 했다. 교회생활뿐만 아니라 학교생활에서도 모범이 돼야 한다는 생각에 평점 B학점 이상을 요구했다. 기준에 미치지 못하면 임원을 할 수 없도록 했다. 모험에 가까운 실험에 참여한 우리 모두는 새로운 사람으로 변화되었다.

출석 인원이 1명이던 대학부가 재적 350명, 출석 200명으로 늘어나 한국에서 가장 큰 대학부가 되었다. 3, 4년 동안 140여 개 교회의 대학부에서 찾아와 배우고 돌아갔다.

나는 이 과정을 거치면서 정말 중요한 것을 발견했는데, 그것은 바로 '평신도가 교회의 주체'라는 사실이었다. 그리고 평신도가 교회의 주체라면, 그 평신도를 바로 세우는 것이 목회의 본질이라는 사실을 알게 되었다. 나 스스로, 그리고 학생들 역시 변하는 모습을 보면서 얻은 값진 교훈이었다. 나는 제자훈련에 나의 목회 생명을 걸겠다고 다짐했다. 그러나 그런 결심을 하고 나에게는 새로운 의문 한 가지가 생겼다. '제자훈련이 필요한 건 사실인데, 제자훈련을 해야만 하는 목회의 신학적, 성경적 근거는 무엇일까.' 기성 교회에서 장년 대상으로 제자훈련 목회를 하기 위해서는 이론적인 깊은 뿌리, 즉 확고한 성경적 목회 철학이 필요했다. 나는 미국 유학 중에 이 문제에 대해 깊이 고민했고, 내가 찾은 대답은 바로 '교회의 사도성'이었다. 평신도를 교회의 주체로 바로 세우기 위해서는 전 교회의 사도성을 회복해야 한다는 것이었다. 그렇다면 사도성에 근거하여 교회의 요체인 평신도는 누구인가?

평신도라는 말은 썩 좋은 단어는 아니다. 원어 '라이코스'와 '라오스'가 우리 말 '평신도'라는 단어의 성경적인 뿌리인데, 이 말은 하나님의 백성 전체를 가리키는 말이다. 따라서 오늘날 우리가 사용하고 있는 평신도의 개념과는 차이가 있다. 우리가 지금 사용하고 있는 '평신도'라는 말은 성직자와 대비되는 의미로 사용되고 있다. 말하자면 평신도의 본래 의미는 없어져버린 것이다. 4세기경 교회가 급성장하자 교회 안에서 전문적으로 사역하는 사람과 세상 직업을 가진 성도를 구별하기 위해 키프리안이 이 평신도라는 단어를 차용하기 시작했다. 그후 1,500년이 넘도록 이 개념이 굳어져 사용되어 왔다. 어찌 보면 왜곡된 단어이긴 하지만 본래의 개념만 우리가 바르게 인지하고 있다면 이 단어를 그대로 사용하는 데에는 큰 문제가 없을 것이다.

평신도가 교회의 주체이다. 이에 대한 바울의 위대한 고백을 들어 보자. "우리가 그를 전파하여 각 사람을 권하고 모든 지혜로 각 사람을 가르침은 각 사람을 그리스도 안에서 완전한 자로 세우려 함이니 이를 위하여 나도 내 속에서 능력으로 역사하시는 이의 역사를 따라 힘을 다하여 수고하노라"(골 1:28, 29).

나는 이 말씀에 '제자훈련의 대헌장'이라는 제목을 붙이는데, 여기서 평신도를 주목하는 이유가 있다. 바울의 관심은 '각 사람'이라는 평신도에게 있다. 큰 무리가 아니라 한 사람이란 사실에 주목해야 한다. 평신도 한 사람의 중요성에 대해서 바울은 눈을 뜨고 있었다. 평신도를 보는 눈이 바뀌지 않으면 이 시대를 감당하는 목회를 할 수가 없다. 목회자들은 지금까지 평신도들을 제자리에 세워놓지 못했다. 성경이 말하는 평신도의 위치를 찾아 주지 못했다. 당연히 평신도는 교회 안에서 제 역할을 감당할 수 없었다. 그 결과 교회는 목사를 위해 존재하는 듯한 이미지로 남게 되었다.

교회(the whole church)는 평신도의 교회다. 목사 역시 이 교회를 위해 존재하는 것이다. 목사의 할 일은 평신도가 제자리에 서서 제 역할을 하게 헌신하는 것이다. 하지만 한국 교회는 오랫동안 평신도를 목회의 대상으로 보았지, 목회의 주체로 보지 않았다. 이것이 숫자만 많은 한국 교회가 사회 앞에서 오합지졸로 변해버린 이유가 될 것이다. 교회 안에서 자기들끼리 싸우다가 일생을 마치는 것이다. 문제가 일어나는 교회는 대부분 건강한 평신도를 세우지 못한 교회들이다.

교회는 어떤 고난과 문제를 만나도 극복할 수 있는 자생력이 있다. 그러나 어린아이 같은 평신도, 육적인 그리스도인만 우글우글하는 교회는 아주 작은 일만 일어나도 해결하지 못한다. 서로 얽히고 얽혀서, 하나님의 몸 된 교회를 병들게 만들고, 종국에는 세상 앞에서 비난받게 만든다. 우리의 선배들이 훌륭한 믿음의 삶을 살긴 했지만, 이상하게도 평신도들을 제자리에 세우는 일에 있어서는 역할을 감당하지 못했다.

지금은 그렇지 않겠지만, 내가 신학교를 다니던 당시만 해도 신학생들에게 교회론에 대한 강의는 중요 과목이 아니었다. 조직신학의 일부분에 속했을 뿐이고, 그나마도 시간에 쫓겨 지나치기 일쑤였다. 교회가 무엇인지 한번도 듣지 못하고 신학교를 졸업했던 것이다. 1980년대 초반까지도 시중에서 교회의 정체성에 대한 책을 찾아보기가 힘들었다. 나를 비롯한 수많은 신학생들이 교회가 무엇인가에 대해 한번도 고민해 보지 않고 목회 현장으로 달려가게 되었다. 가정이 무엇인지, 부부생활이 무엇인지 고민해 보지 않고 결혼하는 것과 다름없었다.

나는 유학 중에 제자훈련의 성경적 근거를 찾으면서, 먼저 교회가 무엇인가에 대해 3년간 깊이 공부하는 기회를 가졌다. 교회를 공부하니, 평신도에 대해서도 눈을 뜰 수 있었다. 많은 학자들이 주장하는 교회의 기본개념은 첫째, 택함을 받은 자의 모임, 둘째, 그리스도의 몸, 셋째, 성령의 전이다. 이것들은 모두 교회라는 단어 대신 넣어 사용할 수 있는 개념이다. 내가 교회의 기본개념을 공부하며 가장 놀랐던 점은 목회자와 평신도 사이에 아무런 차이가 없다는 점이었다. 나는 특별소명을 받고 안수받았다는 목회자는 분명히 무언가 다를 것이라고 기대했었다. 내가 자라온 교회 환경이 내게 그렇게 가르쳐 왔기 때문이다.

'택함을 받은 자의 모임' 이라는 기본개념은 고린도전서 1장 2절에 근거한다. "고린도에 있는 하나님의 교회 곧 그리스도 예수 안에서 거룩하여지고 성도라 부르심을 입은 자들과 또 각처에서 우리의 주 곧 저희와 우리의 주 되신 예수 그리스도의 이름을 부르는 모든 자들에게"(고전 1:2). "그리스도 예수 안에서 거룩하여지고 성도라 부르심을 입은"이라는 말의 뜻은 세상으로부터 구별되어 택함을 받았다는 것이다. 도덕적으로 완전하다는 이야기가 아니다. 죄를 하나도 범하지 않았다는 말도 아니다. 하나님이 택하여 구별하셔서 거룩하게 만드신 것이 성도라는 말이다. 똑같은 향로라도 제사장이 구별하여 성전에 갖다 놓으면 그것은 거룩하게 되었다. 마찬가지로 똑같은 사람이라도 택함받은 존재는 거룩하다. 여기서 택함을 받은 것에 목회자와 평신도 사이에 차이가 있는가? 아무런 차이가 없다. 그리스도를 주로 고백한 모든 사람은 평등하다. 빈부귀천, 남녀노소, 직분이 있든 없든 모두가 하나님 앞에 평등하다. 오직 예수 그리스도의 공로로 우리가 하나님의 자녀가 되었다. 결코 신분의 차이가 없다. 이것을 뒤늦게 깨닫고 나니 나의 의식에 큰 변화가 일어났다. 평신도를 보는 눈이 달라지기 시작했다. 목사의 권위는 직분과 기능의 권위이지, 신분의 권위가 아니다. 목사 안수에는 특별한 의미가 있지만 그것은 분명 평신도와 가름하는 신분의 권위 부여가 아니다. 그러나 많은 목사들이 이 부분을 오해하여 평신도들에게 열등감을 심어 주고 있다. 하나님 앞에 우리는 모두 평등하다.

또한 교회가 '그리스도의 몸'이라는 기본개념은 고린도전서 12장 13절에 근거한다. "우리가 유대인이나 헬라인이나 종이나 자유자나 다 한 성령으로 세례를 받아 한 몸이 되었고 또 다 한 성령을 마시게 하셨느니라"(고전 12:13). 예수를 믿어 성령을 받은 자들은 모두 한 몸이 되었다. 그리고 주님은 이 몸을 통해 일하신다. 팔레스타인에서 3년간 일하셨을 때에는 자신이 입으신 몸으로 일하셨지만, 승천하신 후에는 교회라는 이름으로 일하셨다. 따라서 교회가 병들면 주님의 몸이 병드는 것과 같다. 그리고 병들면 아무것도 할 수 없다. 주님의 일을 아무리 하고 싶어도 할 수 없다. 그리스도의 몸이 잘 움직이도록 건강하게 유지하는 것이 목회이다. 때문에 교회의 지도자가 교회를 병들게 한다면, 그가 받아야 할 심판은 얼마나 크겠는가. 소름이 끼칠 정도이다.

한번은 목회자와 평신도들을 한데 모아 두고 '그리스도의 몸'에 대한 개념을 강의한 적이 있다. 나는 실례인 줄 알면서도 한 목사님을 일으켜 세워 이렇게 질문했다. "우리 모두가 그리스도의 몸인데, 목사님은 몸 중에 어느 부위이신 것 같습니까?" 그분은 대답을 못하고 서서는 빙긋이 웃기만 했다. 대답을 기다리고 있는데, 뒤에 앉아 있던 평신도 한 명이 참다못해 손을 들고 이렇게 외쳤다. "목사님은 목입니다! 목!" 모두 와르르 웃었다. 내가 되물었다. "왜 목이라고 생각하십니까?" 그분이 대답했다. "머리 바로 아래 붙어 있는 게 목이지 않습니까?" 그래도 그 중 높다는 것이었다. 그리고 머리와 몸 사이를 이어 주는 중요한 역할을 담당하기 때문이라고 대답했다. 듣고 보니 그럴 듯하기도 했다. 그의 대답은 맞기도 했으나 일면 틀린 부분도 있었다. 목회자가 분명 몸 중에 없어서는 안 될 역할을 담당하고 있겠지만, 꼭 목이라고 할 수는 없을 것이다. 몸 중에 중요하지 않은 부분이 없고, 바울은 보이지 않는 작고 연약한 지체가 더 귀하고 아름답다고 말했다.

나는 유학 생활 중에 작은 교회에서 봉사를 한 일이 있다. 그 교회에는 30대 중반의 젊은 의사 부인이 출석하고 있었다. 그의 남편은 한국에서 의대를 나와 미국으로 유학 가서 피눈물 나는 노력 끝에 전문의를 취득했다. 그리고 중소도시에 개업을 해서 나름대로 성공한 가장이었다. 그러나 부인과는 달리 그는 신앙을 가지지 않았다. 하루는 그 부인이 내게 자기 남편을 전도해 달라고 부탁해 왔다. "부군께서 기독교에 상당히 비판적이시라고 들었는데, 제가 전도를 할 수 있겠습니까?" 내가 이렇게 되묻자, 그녀가 대답했다. "아니에요. 전도할 수 있는 기회가 있어요." 남편의 신장이 완전히 망가져서 집에서 투석을 하고 있는데, 투석하는 시간이 일주일에 두 번, 네 시간씩이라는 것이었다. "목사님, 그때 오셔서 전도하시면, 저희 남편이 들을 수밖에 없을 거예요." 그래서 나는 투석하는 시간에 맞춰서 그 집에 갔다. 그는 초췌한 몰골을 하고 커다란 투석기로 피를 걸러내고 있었다. 나는 옆에 앉아 열심히 전도했지만, 결국 딱지를 맞았다. 하지만 내가 거기서 배웠던 한 가지는 그 작은 신장 하나가 망가져도 몸이 퉁퉁 붓고, 얼굴이 검어지고, 죽기까지 한다는 사실이었다. 나는 신장이 그렇게 중요한 것인지 상상도 못했었다. 심장이나 간이나 허파만 중요한 줄 알았지, 신장이 중요할 거라고 생각지 못했다. 그러고 보니 바울의 말이 이해가 되었다. 아무것도 아닌 것처럼 보이는 것, 사람에게 귀히 보이지 않는 것도 중요한 것이었다.

군이 바울의 말을 빌지 않더라도 그리스도의 몸 안에서 모든 지체가 중요하다는 사실을 우리는 너무도 잘 알고 있다. 목회자가 어느 부위를 차지하는지 알 수는 없지만, 몸을 세우고 건강하게 활동하도록 돕는 부위라는 것은 확실하다. 지체들은 절대 스스로 자신의 생명을 보전하지 못한다. 남이 없으면 내가 죽고, 내가 없으면남이 죽는 유기적인 관계인 것이다. 이것은 목사와 평신도 사이에도 마찬가지이다. 평신도가 없으면 목사도 없고, 목사가 없으면 평신도도 없다. 목회자가 건강해야 평신도가 건강해지고 더불어 교회가 건강해질 수 있다.

세 번째로 교회가 '성령의 전'이라는 기본개념은 고린도전서 3장 16절에 근거한다. "너희가 하나님의 성전인 것과 하나님의 성령이 너희 안에 거하시는 것을 알지 못하느뇨"(고전 3:16). 성령을 모시고 산다는 점에서 목회자와 평신도가 구별이 되는가? 아니면 목회자가 모시고 있는 성령은 특별히 뜨겁고, 평신도가 모시고 있는성령은 덜 뜨거운가? 성경 어느 곳에도 목회자와 평신도 사이에 성령께서 역사하시는 데 차별이 있다는 주장을 뒷받침할 만한 근거는없다. 단상의 설교자나, 단하의 청중이나 그 안에서 역사하시는 성령은 동일하다. 모두가 성령 안에서 평등하다. 직분에 따라 능력을 주시는 경우가 있기는 하지만, 이것은 다른 관점에서 생각해 보아야 할 문제이다.

나는 이 세 가지 기본개념을 공부하면서 움직일 수 없는 확신을 얻게 되었다. 바로 평신도가 교회의 주체라는 사실이었다. 나와 평신도 사이에 아무 차이가 없다는 사실이었다. 그래서 평신도를 깨우는 제자훈련 사역이 시작되었다. 목회를 쉽게 하려면 얼마든지 쉽게 할 수 있다. 그러나 그렇게 할 수 없었던 것은 평신도를 나와 똑같은 교회의 주체로 보았기 때문이다. 목회자는 평신도 위에 군림하는 존재가 아니다. 그러나 오늘날 많은 목회자들이 이러한 진실 앞에서 거부반응을 보이고 있다. 심지어 어떤 교회에서는 목사가 "교역자들은 제사장이고, 여러분은 레위 지파입니다"라고 가르치기도 한다. 이런 식으로 차별성을 부각시켜 평신도들을 자신의 종으로 삼으려 하는 위험한 행동을 하는 것이다. 그래서 평신도들은 마치 목회자가 대단한 영적 능력이라도 소유한 사람인 것처럼, 허리를 굽신거리며 하나님 대하듯 목회자를 대한다. 좋은 차를 뽑으면 제일 먼저 목사님이 시승해야 한다는 이상한 불문율도 한국 교회에는 존재한다. 교인 천 명만 모여도 목사는 제왕이 되어버린다. 잠깐만 긴장을 늦추어도 목회자가 하나님의 영광을 가로챌 수 있는 위험한 환경이다. 그래서 나는 늘 제자훈련지도자세미나에서 목회자들에게 다음과 같은 점을 강조한다. "평신도가 교회의 주체입니다. 평신도 한 사람을 위해서 생명을 거십시오." 바울은 '각 사람'을 위해 생명을 걸었다. 이것이 바울이 우리에게 보여 준 목회의 원형이다. 그가 생명을 걸고 목회한 사람은 천 명이 아니었다. 수백 명도 아니었다. 한 사람이었다. 한 영혼을 위해 목숨을 거는 것이 목회자의 양심이다.

내 이야기를 듣고, 세미나 중에 한 목사님이 벌떡 일어나 이렇게 말했다. "저는 목사님 말에 동의 못하겠습니다." 무슨 말인고 하니, 요즘처럼 평신도들이 콧대 높은 시절이 있었냐는 불평이었다. "평신도들이 교역자 우습게 보는 이 마당에 자꾸 그런 식으로 이야기하시면 이제 목회자들은 설 땅이 없습니다. 저는 동의 못합니다." 그의 말에 나는 이렇게 답했다. "목사님이 그렇게 목에 힘준다고 교인들이 목사님 존경합디까? 그리고 사랑의교회에서 옥 목사는 항상 목사가 평신도를 섬기는 종이라고 강조하는데, 그렇다고 사랑의교회 교인들이 옥 목사를 괄시합니까?" 하나님 나라의 권위는 섬기는 데서 나오는 것이지, 다스리는 데서 나오는 것이 아니다.

평신도 한사람 한사람이 가진 가치를 볼 때, 이 땅에서 하나님의 영광을 드러낼 사람은 목회자가 아니라 평신도이다. 왜냐하면 사회 각 분야에서 불신자들을 만나는 사람은 정작 평신도들이기 때문이다. 따라서 평신도가 사회 속에서 제구실을 해야 하나님의 이름이

높이 들림을 받는 것이다. 평신도가 병들어서 세상 사람들 앞에 아부나 하고 비실거리고, 세상 사람들과 똑같은 가치관을 가지고 자기 배만 불리려 한다면, 교회에 아무리 성도가 많아도 그 교회를 통해서 하나님은 영광을 받으실 수 없다. 오늘의 한국 교회가 이러한 상황에 놓여 있는 것이다.

이 세상을 구원하고자 하시는 하나님의 비전을 누가 실현할 것인가? 목회자인가? 몇 명의 선교사인가? 이 세상을 하나님 나라로 바꾸어 영원토록 그의 나라와 권세와 영광이 그에게 돌아가게 하기 위해 최전선에서 쓰임받고 있는 자들은 목회자도, 선교사도 아니다. 바로 전 교회(the whole church), 모든 평신도들이다. 평신도들을 통해서만이 복음이 사회 밑바닥까지 전해지고 확산될 수 있다. 목회자 몇 사람의 특별한 역량은 짧은 부흥회 기간에는 빛이 날지 모르지만, 평신도의 역량은 끝이 없다.

평신도가 제구실을 못하면, 하나님의 나라가 이 땅에 성취될 수 없다. 오늘날의 한국 교회를 보라. 얼마나 많은 가능성 있는 평신도들을 할 일 없이 놀고 있게 하는가. 심부름이나 시키고, 조직을 만들어서 감투나 씌우고, 목사 말 순종 잘하면 믿음 좋은 사람인 줄 알고, 일주일 내내 모임 만들어서 열심히 출석하면 신실한 그리스도인이라고 판단하지 않는가 말이다. 교회 안에서 인정받는 평신도들이 사회에 나가서는 제구실을 못하는 예가 허다하지 않은가. 똑같이 투기하고, 똑같이 범죄하고….

평신도를 보는 관점이 왜곡되다 보니, 목회자들의 리더십도 왜곡되었다. 한국 교회의 리더십은 대부분 닫힌 리더십(closed-leadership)이다. '나는 교인들을 위해(for the laity) 무엇을 할 것인가?'를 생각하는 것이 바로 닫힌 리더십이다. 늘 자기 혼자 일할 생각만 한다. 평신도가 목회의 대상이 되는 것이다. 그러나 우리에게는 열린 리더십(opened-leadership)이 필요하다. '교인들과 함께(with the laity) 무엇을 할 것인가?'를 생각해야 한다. 결국 일할 사람은 평신도이기 때문이다. 교회 안에서나 밖에서나 하나님의 나라를 이 땅에 성취하기 위해 전선에서 뛰어야 할 사람은 평신도이다. 이때 평신도는 사역의 동역자가 된다. 함께 뛰는 것이다. 이것을 위해 고민하며 몸부림치는 리더십이 열린 리더십이다. 열린 리더십을 가진 목회자는 평신도를 가만히 내버려두지 못한다. 예배나 보고 가는 군중으로 만들지 않는다. 헌금이나 많이 하는 후원자로 만들지 않는다. 평신도들을 반드시 있어야 할 자리에 세우고, 그 자리에 세우기 위해서 훈련한다.

대부분의 목회자들이 매주 '오늘 몇 명 출석했구나. 그래도 몇 명 늘었네' 하며 자위하고, 교인들이 예배가 은혜스러웠다고 하면 '할렐루야, 아멘' 한다. 예배 드리고 돌아가는 이 교인들에게는 이제부터 전투가 시작되는데, 일주일에 한 번 전하는 30분 설교로 만족하는 것이다. 이런 방법으로 일시적으로는 교인들의 마음에 감동은 줄 수 있을지 몰라도, 변화를 기대할 수는 없다. 주님이 명령하신 대로 "가르쳐 지키게" 하는 데까지 이르려면 설교 30분으로는 턱없이 부족하다. 이런 식으로라면 교인들은 이원론(二元論)의 희생자가 될 수밖에 없다.

많은 평신도들이 이미 주의 일과 세상 일을 분리하여 생각하고 있다. 신학교를 나와서 목사나 선교사가 된 사람은 주의 일을 하는 사람이고, 하루 종일 직장에서 시달리는 자기들은 세상 일을 하는 사람들이라고 철저하게 분리해서 생각한다. 성(聖)과 속(俗)을 구별하는 것이다. 누가 이렇게 만든 것인가? 오늘의 한국 교회 지도자들이 이렇게 만들었다. 똑똑한 젊은이들만 보면, 세상에 나가 예수의 제자로 바른 구실을 하라고 가르치는 것이 아니라, 신학교에 가라고 한다. "한 번뿐인 인생, 주의 일 하면서 살아야지. 어떻게 세상 일 하며 보낼 수가 있느냐"라고 말한다. 목회자들이 이원론을 조장해 왔다. 성경 속에 어디에 이러한 이원론을 뒷받침해 주는 근거가 있단 말인가. 목회자들이 이런 식으로 한국 교회의 젊은이들의 자존심을 모두 꺾어 놓았다.

파라처치들도 마찬가지다. 그들이 노력해 온 만큼 사회에 영향력을 끼치지 못했던 원인이 모두 이 이원론에 있다. 대학부나 선교단체 전체에서 목사가 되고 선교사가 될 사람이 결국 10%를 넘지 못

할 텐데, 직장에서 어떻게 제자로 승리하며 살아갈 것인가를 훈련하기보다 몇 사람의 사역자 후보생들을 중심으로 훈련하고 있다. 그래서 나머지 학생들은 아무것도 준비하지 못하고 사회에 나가게 되고, 사역자가 되지 못한 미련과 죄책감에 사로잡혀 평생을 살게 된다. 패배자를 길러내는 것이다.

교회가 교회다워지려면, 길바닥에 함지를 내놓고 행상을 하는 사람으로부터 시작하여 사장, 정치인, 대통령에 이르기까지 하나님 나라 확장에 대한 비전을 가지고 충성하게 만들어야 한다. 그리고 그들이 목회자의 일이나 자신이 하는 일이 똑같이 거룩하다고 생각하게 만들어야 한다. 시골에서 농사를 지으시던 나의 어머니는 주일 아침이면 흐느끼며 이렇게 기도하셨다. "일주일 내내 세상 일만 하다가 이제 주님 전에 나와 이 하루를 주님을 위해 드리고 봉사하게 하시니 감사합니다. 한 주간 동안 세상 일에 너무 깊이 빠졌던 죄를 용서해 주옵소서." 나는 그 기도를 들으면서, '세상 일은 하지 않을수록 좋은 거구나. 날마다 교회 와서 사는 게 좋은 거구나' 하는 생각을 했다. 지금도 이렇게 가르치는 교회가 너무나 많다.

내가 대학부를 맡아 한참 재미있게 사역하고 있을 때였다. 서울대학교 의대 본과에 이제 막 진학하는 학생이 나를 찾아왔다. "목사님, 다 집어치우고 신학교 갈래요. 그저 주님 위해서 복음 전하며 살겠습니다." 2년 동안 그렇게 내게 배우고도 이렇게 말하는 학생의 눈을 가만히 쳐다보며 내가 대답했다. "너 공부하기 싫지?" 본과 학업이 벅차기도 했을 것이고, 그에 비하면 교회 생활은 천국 같았을 것이다. 그 학생은 고개를 푹 숙이고 아무 말도 못하고 내게 혼쭐이 나서 돌아갔다.

교회를 개척하고 경희대학교 병원에 환우 심방을 갔을 때였다. 복도에서 야근을 이제 마친 듯 몹시 피곤해 보이는 의사 한 명이 터덜터덜 힘없이 지나가다가 갑자기 나를 불러세웠다. "목사님!" 그 학생이 거기에서 레지던트를 하고 있었다. 나를 보더니 그는 갑자기 주머니에서 청진기를 꺼내서 흔들어 보이면서 농담조로 말했다. "목사님, 내가 지금 누구 때문에 이러고 있는지 아세요?" 이제 그는 한 분야에서 권위 있는 의사로 일하고 있다. 내가 가끔 "너 아직도 내가 원망스럽냐?"라고 물으면, 그는 웃으며 대답한다. "무슨 소리세요. 저는 목회자보다 훨씬 많은 일을 하고 있는걸요."

타락한 중세 교회들이 성직자의 사명만 지나치게 중시하였다는 사실은 이미 주지하는 바이다. 교인들을 속박하고 노예화하는 이원론이 여기에서 출발하였다. 이에 반기를 들고 일어난 것이 종교개혁이었지만, 아직도 우리는 그 뿌리에서 완전히 자유하지 못하다. 종교개혁의 근간을 이루고 있는 만인제사장직에 따르면, 모든 평신도는 똑같은 소명자이다. 모든 성도가 영적 예배를 드릴 수 있는 특권을 가지고 있기 때문이다. 모든 성도가 접하는 것은 죄가 아닌 이상 하나님 앞에 드려지는 거룩한 제물로 구별된다. 그래서 골로새서에서는 노예가 노예로 사는 것도 주님의 일이라고 말하고 있다. 우리가 무엇을 하는가는 중요하지 않다. 하나님이 우리를 통하여 무엇을 하시는지가 중요한 것이다. 직업에는 귀천이 없다. 모두가 소명을 받았기 때문이다.

고민해야 한다. 지금 한국 교회 안에 우리의 가슴을 까맣게 타게 하는 가슴 아픈 일들이 얼마나 많이 일어나고 있는가. 믿는 사람들의 세계에 얼마나 많은 부조리와 불합리한 일이 일어나고 있는가. 목회자들의 세계에 주님의 영광을 가리는 일이 얼마나 많이 일어나고 있는가. 그 원인에 대해 우리는 고민해야 한다. 하나님의 교회가 교회 되게 해야 한다. 관행을 거부해야 한다. 문제의식을 가져야 한다.

작은 자가 천을 이루리라

- 제자훈련의 한 사람 철학

우리는 많은 사람을 통해 하나님이 일하신다고 생각하지만,

역사를 보면 그와 반대였다.

하나님은 한 사람에 주목하시고 그를 준비시키신 후

그 사람을 통해 세계가 깜짝 놀랄 만한 일들을 이루어 오셨다.

이것이 지금까지 하나님이 일해 오신 걸음걸음이요, 발자국이다.

작은 자가 천을 이루리라
-제자훈련의 한 사람 철학

"네 백성이 다 의롭게 되어 영영히 땅을 차지하리니 그들은 나의 심은 가지요 나의 손으로 만든 것으로서 나의 영광을 나타낼 것인즉 그 작은 자가 천을 이루겠고 그 약한 자가 강국을 이룰 것이라 때가 되면 나 여호와가 속히 이루리라"(사 60:21, 22). 이것이 바로 신약 교회를 향한 하나님의 비전이다. 하나님이 바라시는 신약 교회는 세상이 보기에 가장 약해 보이는 자, 가장 천해 보이는 자를 통해서 하나님의 나라를 완성하시는 것이다. 이것은 세상 사람들의 생각을 뛰어넘는 하나님의 초자연적인 역사이다. 가장 작은 자, 가장 약한 자는 세상 사람들이 무시하는 존재들이다. 갈릴리 바다에서 고기 잡던 베드로에게 누가 주목했는가? 막달라 마리아를 누가 인간 취급했는가? 바울이 말한 것처럼 가문도 좋지 않고 무식하고 천한 사람들이 예수를 믿었을 때, 그들을 통해 하나님이 어떤 일을 하실지 예측한 사람은 아무도 없었다. 건축업자들이 쓸모없다고 여겨서 내버린 돌을 하나님이 들어서 성전의 머릿돌이 되게 하셨다. 이것이 가장 작은 자가 천을 이루는 기적이다.

평신도든, 선교사든, 목회자든 하나님 안에서 새로운 피조물이 되기만 하면 그 사람을 통해서 하나님은 놀라운 역사를 이루시는 것이다. 이것이 바로 기독교 2,000년 역사가 증거하는 하나님의 비전이다. 한마디로 요약하자면, '한 사람 비전'이다. 우리는 많은 사람을 통해 하나님이 일하신다고 생각하지만, 역사를 보면 그와 반대였다. 하나님은 한 사람에 주목하시고 그를 준비시키신 후 그 사람을 통해 세계가 깜짝 놀랄 만한 일들을 이루어 오셨다. 이것이 지금까지 하나님이 일해 오신 걸음걸음이요, 발자국이다. 그리고 이것이 또한 우리의 비전이 되어야 할 것이다.

요즘 목회자들은 물량주의에 빠져서 '한 사람 비전'을 잃었다. 약해 보이는 여 성도 한 명을 놓고도 하나님이 저를 붙드시면 엄청난 역사가 일어날 것이라고 믿고 기도하는 비전이 없다. 세상적인 기준으로 사람을 보는 것이다. 돈으로, 학력으로 사람을 판단한다. 이러다보니 성령의 역사는 고사하고 교회 안에 고통스러운 분란과 시기만 가득해지는 것이다. 이렇게 수백 번, 수천 번을 속으면서도 우리는 패러다임을 바꾸지 않았다. 하나님의 관점에서 사람을 보는 패러다임, 이것이 제자훈련의 핵심이다. 하나님의 패러다임은 가장 작은 자에 주목하는 것이다. 한 사람에 주목하는 것이다. 말은 간단하지만 이것을 목회 현장에 적용하는 것은 정말 쉽지 않은 일이다.

하나님이 나의 목회에 은혜를 주셨다면, 그것은 아마 나의 고집스러움 때문이었을 것이다. 교인이 수천 명, 수만 명이 되고 백 명이 넘는 교역자들 사이에서 헤매야 하는 이 시점에서도 나는 다수를 보지 않고 한 사람을 보는 자세를 견지해 왔다. 그렇기 때문에 제자훈련이 아직도 살아서 이를 통해 하나님이 엄청난 역사를 이루고 계신 것이리라 믿는다. 제자훈련에는 교회가 크던 작던 상관없다. 오직 한 사람이다.

나는 교회를 개척했을 때, 9명과 함께 시작했다. 돈이 없으니, 40평짜리 상가를 겨우 얻어 시작하게 되었다. 그 당시만 해도 강남이 허허벌판이라 목회하기에 좋은 장소가 아니었다. 게다가 우리가 개척한 교회가 들어가게 된 자리는 서울대학교 출신의 패기만만한 젊은 목사가 큰 교회의 지원을 받아 교회를 시작했다가 한 달 만에 손들고 다른 곳으로 떠난 곳이었다. 그에게 왜 벌써 떠나느냐고 물었다. "목사님, 여기는 목회할 수 있는 자리가 아닙니다. 아파트촌과도 너무 거리가 멀고, 버스는 30분에 한 대 다닙니다." 그러나 그의 말은 내게 들어오지 않았다. 나는 한 사람만 있으면 생명을 걸겠다는 데 생각이 집중되어 있었기 때문이다. 하나님께서 소중히 여기시는 영혼 하나를 놓고 꿈꿀 수만 있다면, 환경과 무관하게 나는 목회자로서 떳떳하게 일할 수 있었다. 그리고 그때의 정신을 지금까지 지켜 오고 있다.

내가 개척하면서 마음먹었던 것은 하나님이 말씀하시는 교회, 바로 그 교회를 만들자는 것이었다. 어려서 나에게 상처를 주었던 그런 교회가 아니라, 우리 교회에 발을 들여 놓는 사람이라면 이 교회 때문에 내가 행복했다고, 바로 살게 되었다고 고백할 수 있는 그런 교회를 만들겠다고 마음먹었다. 그리고 그러기 위해서는 한 사람을 위해 피눈물을 쏟는 희생의 열매로 사역해야지, 세상의 기준으로 사람을 판단하면 안 되겠다고 결심했다. 이것을 실천하기 위해 내가 가장 먼저 행동으로 옮겼던 것은 우리 교회에 장로라는 직함을 가지고 들어오는 사람에게 주목하지 않는다는 것이었다. 많은 가족들을 거느리고 들어와도 그 집을 심방하지 않았다. 나는 나와 함께 소그룹에서 제자훈련 받으며 눈물을 쏟고 거듭나는 변화를 체험하여 어린아이와 같은 심정으로 주를 섬기기 원하는 사람에게만 주목했고, 그들을 동역자로 삼았다.

개척 1년 후, 나는 정말 형편없는 남자들 11명을 모았다. 그들은 이제 막 예수 믿기 시작한 초신자, 교회를 다니다 완전히 떠났던 사람, 1년에 한 번 교회 가 주면 하나님이 고마워할 거라 생각하는 사람, 반기독교적인 도서를 섭렵한 사람, 요한계시록을 1장부터 22장까지 모두 외운 사람 등 교회에서 결코 주목하거나 환영하지 않을 만한 사람들이었다. 나는 이들과 함께 제자훈련을 시작했다. 진통도 많고 기쁨도 많은 1년 반이었다. 그리고 정말 많은 은혜를 체험했다. 1년 반이 지나, 제자반을 수료한 이 11명에게 다락방(소그룹) 개척을 시켰다. 부인만 교회에 나오고 아직 안 믿는 남편들의 명단을 뽑아서 이들에게 주었다. 제자훈련의 열매를 평가한 것이다. 나는 2년 동안 이들의 개척을 지켜보았고, 우리는 하나님이 다락방을 통해 역사하시는 놀라운 일들을 부지기수로 목도하게 되었다. 이것이 사랑의교회의 시작이었으며, 개척 4년 반 만에 이때 제자훈련 받았던 사람들 중 9명을 세워 장로로 장립했다.

사랑의교회에서는 지난 25년간 공예배 시간에 <주기도문> 찬송을 불렀다. 주기도문에는 하나님의 비전과 뜻이 전부 녹아 있다. 주의 뜻이 하늘에서 이루어진 것같이 땅에서도 이루어지게 해 달라는 기도만큼 하나님이 원하시는 기도가 어디에 있겠는가. 나라와 권세와 영광이 아버지께 돌아가게 해 달라는 기도만큼 아름다운 기도가 어디에 있겠는가. 이것은 우리 평생의 기도제목이 되어야 할 것이다. 이 소명을 받은 데에는 목사와 평신도가 다르지 않다. 달란트 비유에서 열 달란트 받은 사람은 목사고, 다섯 달란트 받은 사람은 평신도인가? 그렇지 않다. 직분과 달란트는 같지 않다. 여기에서 중요한 것은 하나님께 부름받은 우리 모두는 주님의 달란트를 위탁받은 청지기라는 사실이다. 그 달란트의 양이 얼마냐는 전혀 중요하지 않다. 우리는 모두 소명자이다. 마지막 날에 주님은 우리가 받은 달란트가 얼마인가가 아니라 얻은 열매를 결산하실 것이다.

　한국 교회의 내일은 위험하다. 나는 이 모습을 '벼랑 끝에 선 한국 교회'라고 표현하곤 한다. 내가 너무 부정적이라고 생각할지도 모르겠다. 그러나 위기가 심각해질수록 평화를 외치는 자들이 환영을 받았다. 마음이 기뻐지고 희망적인 이야기를 해야만 사람들은 좋아한다. 성경을 똑바로 쳐다보라. 하나님은 죄를 지으면 책망하셨고, 특히 말씀을 통해 책망하셨다. 어떻게 이 상황에서 좋은 말만 할 수 있겠는가. 단연코 한국 교회는 벼랑에 섰다.

　이 상황을 바꿀 수 있는 것은 다음 세대 목회자들일 것이다. 그리고 그 중에서도 하나님의 손에 붙들린 소수일 것이다. 그 소수는 아마 하나님의 비전을 자기의 비전으로 삼을 사람들일 것이다. 하나님의 꿈을 당신의 꿈으로 만들라. 가장 작은 자가 천을 이루는 꿈 말이다. 세상적으로 큰 자라고 인정받는 사람이 하나님 나라를 위해 큰일을 하는 것을 보기가 힘들다. 버려진 돌처럼 쓸모없는 사람들이 주의 손에 붙들려서 역사를 바꾸었다. 이것은 사람의 능력이나 힘으로 되는 것이 아니고, 오직 성령의 역사로 되는 것이다. 하나님이 우리와 함께 계시면 큰 산이 평지가 되는 기적이 일어날 수 있다는 꿈이 우리의 것이 되어야 한다. 하나님이 우리와 함께 계시면 한국 교회도 일어날 수 있다는 희망으로 각성하자.

우리가 신앙생활을 하는 이유는 무엇인가? 천국 가기 위해서인가? 그렇지 않다. 우리는 구원받았기 때문에 신앙생활을 한다. 그리고 이 부분에 있어서도 목회자와 평신도는 다르지 않다. 역할이 틀릴 뿐, 신앙생활의 목표가 그리스도를 닮아 가는 것이라는 데 있어서 결코 다르지 않다. 그러나 우리네 교회는 아직도 하루 종일 교회에서 봉사하고 목사에게 순종하는 것으로 신앙을 평가하며, 그 이상은 이야기하지 않으려 든다.

따라서 이것으로도 제자훈련의 당위성에는 충분한 근거가 되겠지만 나는 만족하지 않았다. 정말 빠져나올 수 없도록 우리를 몰아붙이는 근거가 될 만한 신학적 근거를 찾고 싶었다. 그러나 내가 연구했던 서적들이 대부분 개혁주의(reformed) 신학자들의 저술이었기 때문에, 나는 곧 한계를 느끼게 되었다. 시원한 대답을 찾지 못해 답답하던 차에 웨스트민스터 신학교 서점을 뒤지다가 한스 퀑 (Hans Küng)의 『교회론』(the Church)을 발견하게 되었다. 한스 퀑은 가톨릭 신학자였으며, 이 사람의 신학은 너무 자주 변해서 이제는 다원주의자로 기억되는 사람이다. 그러나 이 사람이 쓴 『교회론』

과 『칭의론』(justification)은 대부분의 신학자들이 인정하는 세기의 걸작이다. 구원받았는지조차 의심스러운, 이 종잡을 수 없는 천재 신학자를 통해 하나님이 이렇게 놀라운 책을 세상에 남기신 것을 보며 나는 놀라움을 금할 수 없었다. 서점에 주저앉아 단순하고, 명료하고, 심오한 그의 『교회론』을 읽으면서, 나는 다른 책은 찾아볼 필요도 없겠다는 확신이 들었다. 2년 동안 찾아다녔던 모든 질문의 해답을 찾은 것이다. 나는 '사도성'이라는 답을 찾았다.

사도성은 내가 신학교에서 한번도 들어 보지 못한 교회의 본질이었다. 그도 그럴 것이 개혁주의 신학자들의 책에서는 거의 언급되지 않는 개념이었기 때문이다. 언급하더라도 아주 가볍게 건드리고 지나가는 정도여서 쉽게 주목하기 어려웠다. 벌코프(Louis Berkhof)를 비롯한 개혁주의 신학자들의 교회론에서는 세 가지 교회의 본질을 이야기하고 있다. 세상과 구별된 성성(聖性: holiness), 그리스도를 머리로 하는 통일성(統一性: unity), 민족과 시대를 초월하여 하나님의 교회는 하나라는 보편성(普遍性: catholicity)이다. 그러나 한스 큉은 여기에 한 가지를 덧붙이는데, 그것이 바로 사도성이다.

사도성은 요한복음 20장 21절과 에베소서 2장 20절에 근거한 교회의 본질이다. "예수께서 또 가라사대 너희에게 평강이 있을지어다 아버지께서 나를 보내신 것같이 나도 너희를 보내노라"(요 20:21).

사도는 주님으로부터 보냄받은 자라는 뜻이며, 사도들로부터 생겨난 전 세계 교회의 전 성도 역시 주님으로부터 보냄받은 자라는 개념이다. "너희는 사도들과 선지자들의 터 위에 세우심을 입은 자라 그리스도 예수께서 친히 모퉁잇돌이 되셨느니라"(엡 2:20). 이것은 교회가 사도의 터 위에 세워졌다는 개념이다. 사도는 교회의 시작이요, 영원한 터전이다. 사도의 터 위에 세워지지 않은 것은 교회가 아니다.

앞서 말한 성성, 통일성, 보편성을 갖췄다 할지라도 사도성이 없으면 그것은 성경적인 교회가 아니다. 한스 큉은 이렇게까지 말한다. "네 가지 본질 중에서 사도성은 다른 세 가지 본질을 평가할 수 있는 기준이 된다." 아무리 거룩하다고 해도 사도성이 결여된 거룩이라면 그것은 성경적인 교회의 본질이 될 수 없다는 것이다.

그렇다면 개혁주의 신학자들은 왜 사도성을 은근히 무시하고 지나갔을까? 여기에는 다 이유가 있다. 중세 교회, 즉 로마 가톨릭에서 자신들의 정통성을 주장하기 위해 늘 들고 나오는 깃발이 있었는데, 그것이 바로 사도성이었다. 로마 가톨릭만이 베드로의 후예라는 정통성을 주장할 때마다 근거로 사도성을 제시했던 것이다. 이런 식으로 악용하였으니, 이에 대한 반작용으로 개혁주의 신학에서는 사도성에 대한 언급을 부러 피하게 된 것이다. 종교개혁자들 역시 중세의 옷을 입은 인간이었다. 다만 중세라는 환경에서 교회를 논한 것이 지금에 이르게 되었으니 안타까울 뿐이다. 교회론은 성령의 인도하심에 따라 시대마다 개혁의 정신으로 끊임없이 발전해야 한다. 그것이 진정한 종교개혁의 계승일 것이다.

교회는 사도의 터 위에 세워졌으며, 세상으로 보냄을 받은 소명의 공동체라는 본질이 바로 교회의 사도성이다. 그렇다면 누가 사도성을 계승하는가? 한스 큉은 로마 가톨릭의 교황도, 로마 가톨릭의 첨예한 조직도 이 사도성을 계승하지 못한다고 말한다. 그는 전 교회(the whole church)가 사도성을 계승한다고 말한다. 예수 그리스도를 주로 고백하고 교회 공동체에 들어 온 모든 성도들이 사도성을 계승한다는 것이다.

먼저 전 성도는 사도들이 첫 목격자로서 우리에게 전해 준 복음과 교훈(성경)을 계승한다. 이 부분에 있어서 우리는 아주 잘하고 있다. 누구든지 예수를 믿게 되면 성경을 읽도록 권함을 받으며 성경을 배우게 되고, 특정 계층이 성경을 읽는 권한을 독점하지 않는다.

또한 전 성도는 사도들이 감당했던 사역을 계승한다. 사도들은 예수님으로부터 절대절명의 명령을 받았다. "그러므로 너희는 가서 모든 족속으로 제자를 삼아 아버지와 아들과 성령의 이름으로 세례를 주고 내가 너희에게 분부한 모든 것을 가르쳐 지키게 하라"(마

28:19, 20상). 이 명령을 받은 사도들은 평생을 헌신하다가 대부분 복음을 위해 피를 뿌렸다. 그렇다면 사도들이 무덤에 들어감과 동시에 이 절대 명령의 효력은 없어졌는가? 물론 그렇다고 주장하는 사람들도 더러 있으나, 이 명령은 사도들로 인해 지상에 생겨난 모든 교회가 계승하는 것이다.

우리는 교회를 채우기 위해 전도하는 것이 아니다. 사도성을 계승하기 때문에 사도들처럼 헌신하는 것이다. 그러나 많은 목회자들이 성도들이 세상에서 감당해야 할 역할을 이야기할 때 교회의 부흥을 말하고, 전도 목표를 들먹인다. 그런 목적으로 전도하는 평신도들에게 무슨 의욕이 있겠는가. 본질을 벗어난 동기로 독려하지 말라. 예수님으로부터 대사명을 받은 사도 베드로의 후계자이므로, 역시 복음 전파의 명령을 받았음을 알려 주어야 한다. 복음을 위해 죽어야 함을 알려 주어야 한다. 본질을 이야기해야 한다.

사랑의교회에서는 1983년부터 1년에 한 번씩 대각성 전도집회를 하고 있다. 처음 두 번 정도는 좋은 부흥 강사를 모셔다가 집회를 했는데, 실패했다. 교인들이 모이지를 않았다. 잘 맞지 않았던 모양이다. 그래서 성도들이 스스로 각성하는 길은 전도하는 것이라고 결론을 내리고, 대각성 전도집회를 시작하게 되었다. 자신이 전도한 사람이 예수 믿겠다고 결신하는 것을 볼 때, 가장 큰 은혜를 받게 되기 때문이었다. 매년 6개월씩 준비해서 4일 동안 집회를 하는데,

정말 엄청난 일들이 일어나는 것을 목도하게 된다.

우리는 교회 밖에 잃은 양 한 사람만 보아도 나가서 전도해야 한다. 교회가 좁다고 불평하지 말라. 벽이 무너지고 천정이 날아가도, 안 믿는 사람이 있다면 우리는 전도해야 한다. 당신이 바로 베드로의 후계자이기 때문이다. 하나님이 당신에게 명령을 주셨다.

많은 목회자와 신학자들이 사도의 교훈 계승은 인정하면서도, 사역의 계승에는 함구한다. 이 얼마나 큰 모순인가. 따라서 나는 사도성의 개념을 나의 것으로 만든 후, 제자훈련이 성경적으로나 신학적으로 흔들릴 수 없는 목회 철학이 될 수 있겠다고 확신하게 되었다. 그리고 그 확신은 지금까지도 흔들리지 않고 있다.

내가 결혼하던 시절만 해도 목사가 되겠다는 사람에게 귀한 딸을 내주려는 사람이 많지 않았다. 오히려 장로가 될 만한 젊은이들에게 시집보내는 것을 좋아했다. 자기 딸이 고된 소명자의 삶을 살게 될 것이 두려웠기 때문이다. 그러나 요즘은 목사 후보자들과 결혼하겠다는 여성들이 적지 않다. 사모들 중에 인물도 좋고 많이 배워서 똑똑한 사람들이 많다. 요즘은 목사직이 인기란다. 어떻든 70세 정년이 보장되고, 마음만 먹으면 전 세계를 돌아다니며 일할 수 있는 직업이기 때문이라고들 한다. 고된 소명자가 아니라 화려한 직업이 되었다. 여자 대학교에서 두세 번째로 꼽히는 인기 있는 남편감이 되었다. 내가 결혼하던 시절에는 목사가 이발사 다음이었는데 말이다. 이것이 교회가 타락했다는 가장 큰 증거일 것이다. 사도들이 자기 십자가를 지고 평생 주님을 따랐던 것처럼 목사들이 목사답게 살아간다면, 아마 시집오려는 여성들이 그리 많지 않을 것이다.

목사가 목사답게 살지 못하는 이 마당에 어떻게 평신도를 우습게 볼 수가 있겠는가. 평신도 역시 보냄받은 사도요, 교회의 주체이다. 그리고 그리스도의 말씀을 계승할 뿐 아니라, 그리스도께서 명령하신 사역을 계승하는 사람들이다. 그러므로 목회자든 평신도든 직분에 상관없이 은사에 따라 얼마만큼 충성하였느냐에 따라서 주님이 판단하실 것이다. 이것은 교회의 지도자들이 바로 가르쳐야 한다. 바로 목회해야 한다. 본질에서 이탈하지 말아야 한다. 본질에서 이탈하여 인기만 구가하면 교회는 커질지 모르지만, 사람들로부터 칭찬을 들을지 모르지만 하나님 앞에서 그가 받을 상은 없을 것이다.

그렇다면 사도성에 근거해 평신도를 세우려면 어떻게 해야 할까? 평신도는 태어나지 않는다. 만들어지는 것이다. 훈련해야 한다. 예배만 보고 흩어지는 군중을 만드는 것이 아니라, 헌금만 하는 기부자를 모으는 것이 아니라, 입으로만 주를 외치는 자를 찾는 것이 아니라 평신도 한 사람을 사역과 목회의 주체로 세우기 위해 훈련해야 한다. 훈련에는 전략이 필요하다. 표준을 세워야 하고, 목표를 세워야 하고, 방향을 세워야 한다. 내 식대로 가르치면 목사의 제자를 만드는 것이다. 성경에서 가르치는 대로 평신도를 훈련해야 한다. 이것이 전략이다. 이 전략은 '제자도'(discipleship)라는 한 단어에 집약되어 있다. 성경에는 이러한 단어가 나오지 않는다. 그러나 제자로 살아가던 사람들의 인격과 삶과 그들이 추구하던 목적은 쉽게 찾아볼 수 있다. 바로 작은 예수가 되는 것이었다. 예수님처럼 살기 위해 평생을 바친 이들의 이야기가 성경에는 수도 없이 등장한다. 이것이 바로 제자도이다. 그리고 이것이 평신도 훈련의 표준이다.

20세기에 하나님께서 교회 안에 놀라운 일들을 일으키셨는데, 그중 하나는 에큐메니컬 운동이고, 또 하나는 파라처치 사역이었다. 하나님은 이 양 날개를 교회에 달아 주셨다. 본래 WCC(세계교회협의회) 운동은 세계 교회가 하나 되어야 한다는 아주 건전한 동기에서 시작되었다. 후에는 변질되었으나, 이 운동을 벌인 사람들의 주된 관심사는 교회였다. 이들은 교회가 평신도라고 주장했으며, 어떻게 평신도를 제 자리에 세워야 할지에 대해 많은 고민을 했다. 그리고 평신도들이 교회의 주체로서 감당해야 할 역할에 대한 값진

논문들을 많이 발표했다. 20세기는 평신도의 세기였다고까지 말할 수 있으며, 이 운동은 교회에 대각성을 촉발시켰다. 존 스토스가 이 부분에 공을 세운 대표적인 인물이다.

이들의 평신도 훈련 전략은 두 가지로 나누어 볼 수 있는데, 참여(participation)와 세속화(secularization)였다. 평신도가 목회 사역에 적극적으로 '참여' 할 수 있도록 문을 열어 주자는 것이었다. 설교에 은사를 받은 평신도들이 모임을 만들어 설교자와 함께 설교를 준비하고, 피드백해 주는 식으로 평신도들이 강단 사역에 참여할 수 있도록 문을 열어 주었다. 행정 사역도 문호를 개방하고, 목양 사역에도 문을 열어 주어서 평신도들이 적극적으로 사역에 동참하게 하자는 취지였다. 이들은 평신도가 교회에 '참여' 하게 하는 방법과 함께, 평신도가 세상에 나가 제 역할을 감당하도록 '세속화' 라는 방법을 택했다. 죄를 범하는 일이 아닌 이상, 어떤 분야든지 소명자로 들어가서 그 속에서 빛과 소금이 되게 하자는 것이었다. 그러나 이렇게 좋은 전략으로 시작된 에큐메니컬 운동이 40~50년이 지난 후에 백기를 들고 이렇게 고백했다. "우리는 전략에서 실패했다." 왜 그랬을까?

그에 대한 답을 말하기 전에 또 다른 이야기를 생각해 보자. 하나님께서 20세기 초에 변변치 않은 사람들을 들어 가슴을 뜨겁게 하시고, 변질되어 가는 서구 교회에 그리스도의 계절이 오게 하셨던 사건들이 있었다. 도슨 트로트맨 같은 사람은 고등학교밖에 나오지 않았다. 그러나 네비게이토를 창설해, 전 세계를 흔들어 놓았다. C.C.C.를 창설한 빌 브라이트 박사, 빌리 그레이엄과 같은 그리 두드러지지 않는 사람들이 일어나 파라처치 단체들을 세우기 시작했다. 이들은 지난 100년간 교회의 역사를 바꾸어 놓았고, 승리했다.

무슨 차이가 있었을까? WCC는 지성인들이 모인 단체였고, 파라처치 사역에는 평범한 사람들이 모였다. 초기에 두 가지 사역은 비교할 대상조차 되지 않았다. 그러나 파라처치 단체들의 전략이 성공한 것이다. 이들의 전략은 단 하나, 제자도였다. '사람부터 만들자' 였다. 사람을 만든 다음에 함께 일하자는 것이 이들의 전략이었다. 그리고 그것은 예수님의 전략이었다. 예수님은 12명의 제자를 데리고 3년간이나 씨름하셨다. 일부터 시키지 않으셨다. 시간은 많이 걸릴지 몰라도, 이것이 주님이 우리에게 보여주신 전략이었다. 우리는 주님의 모범을 따라야 한다.

도슨 트로트맨은 샌디에이고에서 고등학교를 졸업하고, 전도받아 예수를 믿게 되었다. 그리고 가슴에 불이 붙었다. 그는 신학교 문턱도 안 가본 사람이었다. 그러나 성경을 읽다가 마태복음 28장 18절 이하를 놓고 성령이 주시는 새로운 명령을 발견했다. "예수께서 나아와 일러 가라사대 하늘과 땅의 모든 권세를 내게 주셨으니 그러므로 너희는 가서 모든 족속으로 제자를 삼아 아버지와 아들과 성령의 이름으로 세례를 주고 내가 너희에게 분부한 모든 것을 가르쳐 지키게 하라"(마 28:18~20상). 그는 이 말씀을 그냥 평범한 지나간 이야기로 받아들이지 않았다. 평범하게 전도하라, 세계를 복음화하라는 의미로 받아들이지 않았다. 그 이상이라고 생각했다. 그는 제자를 만들라는 말에 착안했다. 그래서 그는 사복음서를 통해 제자를 만드는 것의 의미, 예수님과 제자의 관계, 제자라는 이름을 반드시 사용해야 하는 이유 등을 세밀하게 연구하면서 크게 깨달았다. 예수님을 닮는 사람을 만들어서 예수님을 위해 죽을 수 있게 만들라는 의미라는 것을 알게 된 것이다. 그리고 그는 그것을 실천으로 옮겼다.

그가 거주하던 샌디에이고는 해군 도시였다. 그는 6개월간 해상에서 훈련을 받고 휴가 나온 수병들을 대상으로 전도했다. 그리고 결신한 사람들을 자신의 아파트로 데려가서 오전에는 말씀을 공부하고 암송하고, 오후에는 함께 전도하러 나갔다. 예수님이 하신 대로 제자들을 양육해 본 것이다. 그리고 휴가를 마친 수병들은 다시 배에 올랐다. 수병들은 배에서 다시 다른 사람들을 양육하기 시작했다. 엄청난 일들이 벌어졌다. 이것이 바로 네비게이토의 시작이었다.

도슨 트로트맨은 샌디에이고의 산에 올라 미국 50개 주의 지도를 펴놓고 매일 한 주씩 짚어 가며 기도했다. "하나님, 이 주(州)에 그리스도의 제자들이 벌떼와 같이 일어나게 하옵소서! 그 일을 위하여 종이 쓰임받기 원합니다." 그는 50개 주의 기도가 끝나자 세계지도를 펴놓고 기도하기 시작했다. 각 나라마다 매일매일 손을 짚어 가며 기도했다. "하나님, 이 나라에 그리스도의 제자들이 벌떼와 같이 일어나게 하옵소서! 그 일을 위하여 종이 쓰임받기 원합니다." 누가 봤으면 미쳤다고 했을 것이다. 그러나 놀라운 것은 하나님이 그의 기도를 들으셨다는 것이다. 네비게이토가 지금 127개 국에서 엄청난 사역들을 일으키고 있질 않은가. 선교단체라고는 아무 관심도 없었던 나 같은 사람조차 영향을 받았으니 말이다.

한 사람이 말씀에 눈을 뜨고, 성령이 주시는 음성을 들으니 세상이 바뀌었다. 제자로 세워서 사역을 시키려는 것이 주님의 방법이요, 주님이 우리에게 보여 주신 전략이다. 이 전략을 채택한 것이 파라처치 운동이 승리한 비결이었다. 반면 에큐메니컬 운동의 패인은 사람을 만들기 전에 참여부터 시킨 것이었다. 감투부터 씌워 준 것이다. 중생을 받은 사람인지, 부르심을 받은 사람인지 검증되지 않은 사람들이 교회 안에서 일하기 시작하니, 시간이 지난 후 결과는 뻔했다. 근본적으로 변화되지 않은 사람은 얼마 지나지 않아 그 본색이 드러날 수밖에 없었다. 그리고 아무런 방비 없이 세상에 들어갔을 때, 별 수 없이 동화되고 마는 것이었다.

한국 교회가 지금 왜 이렇게 고통을 당하고 있는가? 왜 이렇게 진통하는가? 왜 한국 교회의 엄청난 잠재력이 묻혀 있는가? 사람을 만들어내는 데 투자하지 않았기 때문이다. 이것은 성경 공부를 시키지 않았다는 말이 아니다. 새벽기도를 통해서, 구역예배를 통해서, 주일 학교를 통해서 얼마나 많이 성경을 가르쳐 왔는지 모른다. 그러나 머리를 향해서만 망치질을 했을 뿐, 그 심령을 변화시키지 못했다. 대답 잘하는 사람이 신앙 좋은 사람인 양 대접받아 왔으니, 교회 안에 쭉정이가 얼마나 많은가.

내가 처음 남자 제자반을 시작할 때였다. 요한계시록을 처음부터 끝까지 다 외우는 형제가 있었다. 그는 육군 장교 출신이었는데, 요한계시록을 매일 한 번씩 외운다고 했다. 내가 잘 기억나지 않는 구절이 있으면 그에게 물으면 되었을 정도였다. 그 정도면 완벽한 신자라고 칭찬받을 만했다. 그러나 제자훈련을 하면서 내가 알게 된 그는 정말 자신이 깨지지 않은 사람이었다. 자연인의 모습이 그대로 남아 있었다. 사무엘이 이새의 아들들을 보고 속았듯이 우리도 외모를 보고 속곤 한다. 그러나 제자훈련을 하다 보면 진짜가 보인다. 그래서 더욱 사람을 만드는 것이 얼마나 중요한지 깨닫게 되는 것이다.

나는 안다. 그리고 확신한다. 평신도를 훈련시키면 얼마나 매력적이고, 얼마나 능력 있는 사람으로 변하는지 체험적으로 깨달았다. 그리고 제자훈련에 미친 나를 따라 수백 명의 목회자들이 이 길을 걷고 있다. 그들이 목회하는 교회는 체질이 바뀐다. 사람이 바뀌면 교회가 바뀌기 때문이다. 그리고 교회가 성장한다. 사람을 먼저 세우라는 예수님의 전략대로라면 성공하지 않을 수가 없다. 오만 가지 방법으로도 바뀌지 않던 교회가 사람 하나 바꾸니까 변화하는 것이다. 하지만 분명한 것은 한 사람의 변화가 본질이라는 점이다. 성장이 목표가 되어서는 안 된다.

예수님처럼 사는 사람을 만드는 것이 제자훈련의 전략이다. 표준은 예수님이다. 이 표준에는 아무도 다다를 수 없을 것이다. 평생 씨름하고, 손끝에 피가 맺히도록 타고 올라가도 거기에는 이를 수 없을 것이다. 정상은 구름에 가려서 보이지도 않을 것이다. 그럼에도 불구하고 하나님께서는 우리에게 그러한 목표를 요구하셨다. '무엇이 되느냐' 보다 중요한 것이 '무엇을 바라보느냐' 이기 때문이다. 대청봉을 정복하겠다는 사람과 에베레스트를 정복하겠다는 사람의 자세와 가치관이 다를 수밖에 없는 것과 마찬가지이다. 목표가 다르면 삶이 다르다. 예수 믿어서 복 받고 평안을 얻겠다는 목표를 가진 사람과 예수님처럼 살겠다는 목표를 가진 사람의 신앙생활과 그 결과는 비교할 수가 없다. 달을 보고 활을 쏘는 사람과 감나무 위의 까치를 보고 활을 쏘는 사람의 자세는 분명 다르다. 한국 교회는 목표와 표준을 잃어버렸다. 천박한 목표를 가지고 신앙생활을 하고 있다. 목표가 낮다 보니, 나도 모르게 세상에 동화될 수밖에 없는 것이다. 이는 전적으로 교회에서 가르쳐 주지 않아서이다. 목표를 제대로 설정해 주어야 한다. 불가능하다 할지라도 목표를 제대로 알려 주었어야 했다. 목표가 높은 사람이 세상과 다르게 살 수 있고, 세상에 감동을 줄 수 있는 것이다. 이것이 제자도이고, 제자훈련의 전략이다.

이것에 대한 좋은 책들이 근간에 많이 출간되었다. 맥스 루케이도의 『예수님처럼』(just like Jesus)에는 이런 말이 나와 있다. "하나님은 당신을 있는 그대로 사랑하십니다. 그러나 그대로 두시지는 않습니다. 하나님은 당신이 예수처럼 되기를 원하십니다. 그래서 어떤 때는 고통을 주면서도 당신을 다시 만들 것입니다." 이것이 하나님의 뜻이다. C. S. 루이스의 『단순한 기독교』(mere christianity)에는 이런 말이 있다. "마찬가지로 교회는 오직 사람들을 그리스도께 이끌어 작은 그리스도를 만들기 위해 존재합니다. 그리고 이 일을 교회가 하지 않는다면 건물도, 성직자도, 선교도, 설교도, 심지어는 성경 자체도 시간 낭비에 불과합니다." 이것이 교회의 존재 목적이다. 헨리 나우웬은 또한 이렇게 말했다. "우리의 영적 생활에 있어서 커다란 도전이 있는데, 그것은 우리 자신이 예수님과 같다고 주장할 수 있어야 한다는 것이다. 또 우리는 우리 자신이 오늘을 살고 있는, 살아 있는 예수라고 말할 수 있어야 한다." 진정한 구원이 무엇인가? 진정한 구원은 예수님이 되는 것이다.

한국의 모든 목회자들이 삶의 목표를 예수님에 두고 그분처럼 되어 보겠다고 신앙생활을 했다면, 오늘날 이렇게 부패하지는 않았을 것이다. 천만 가까이 되는 한국 교인들이 예수처럼 되는 데에 목표를 두고 신앙생활을 했다면, 오늘날 한국 교회가 이렇게 사회에 악영향을 끼치지 않았을 것이다. 정치가 이렇게 썩지 않았을 것이다. 거짓말 안 하면 통하지 않는 사회가 되지 않았을 것이다.

사도행전에서 서신서로 넘어가면서 '제자'라는 단어는 성경에서 사라진다. 그러나 하나님의 말씀은 계시의 연속성을 지니고 있다. 하나님의 계시는 갈수록 선명해진다. 창세기에서 희미하던 계시가 신약에서 더 밝게 드러나며, 사복음서에서 정확하게 이해할 수 없었던 십자가의 은혜가 서신서에서 해석된다. 그리고 계시는 통일되어 있다. 그러므로 사복음서나 사도행전에 등장하던 '제자'의 개념은 서신서에서 오히려 더 밝게 드러난다. 바로 '온전한 자', '완전한 자'(텔레이오스)라는 개념으로 나타나게 된다.

"그가 혹은 사도로, 혹은 선지자로, 혹은 복음 전하는 자로, 혹은 목사와 교사로 주셨으니 이는 성도를 온전케 하며 봉사의 일을 하게 하며 그리스도의 몸을 세우려 하심이라 우리가 다 하나님의 아들을 믿는 것과 아는 일에 하나가 되어 '온전한 사람'을 이루어 그리스도의 장성한 분량이 충만한 데까지 이르리니"(엡 4:11~13). 온전한 사람이 되는 것이 바로 예수 닮는 제자가 되는 것이다. 이것은 우리가 볼 때마다 불편해지는 말씀이다. 이렇게 될 가능성이 있는 사람은 이 세상에 존재하지 않기 때문이다. 그러나 이것을 요구하신 이유는 하나님이 우리의 아버지이시기 때문이다. 아버지는 자녀에게 항상 최고의 것을 기대한다. 남이 볼 때에는 별 볼 일 없는 딸이라도, 아버지 눈에는 천하미인이다. 그 자녀가 얼마나 훌륭한 사람이 될지는 아무도 모른다. 그러나 부모는 최고의 사람이 되기를 원한다. 너무 사랑하기 때문이다. 이것이 바로 하나님이 우리에게 예수님을 닮으라고 명령하신 이유이다.

하나님은 우리에게 시시한 것을 요구하지 않으신다. 악한 세력을 이기고 승리자 되신 예수님과 함께 시온 산 높은 곳에서 하나님을 찬송하는 날이 오기를 기다리고 계신다. 기독교는 천박한 종교가 아니다. 분명한 목표와 방향을 그리스도 안에서 찾아야 한다. 그리고 그 목표에 맞는 나 자신이 되고, 그 목표에 맞는 평신도를 키워서 하나님의 영광을 드러내고자 하는 꿈을 가지라. 주님은 그것을 우리에게 원하고 계신다.

한 사람을 완전한 자로

-제자훈련, 하나님의 명령

예수를 아는 지식과 신앙은 일치해야 한다.

내가 아는 것과 내가 믿는 것이 동일해야 한다.

그리고 나아가서 온전한 사람이 되는 과정에 발을 들여놓아야 한다.

그래서 그리스도의 장성한 분량이 충만한 데까지 성장하는 것이다.

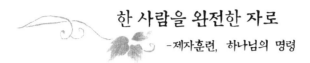

한 사람을 완전한 자로
-제자훈련, 하나님의 명령

　주지하는 바와 같이 교회의 주체는 평신도요, 평신도는 소명을 갖고 있다. 교회의 본질인 사도성에 입각하여 모든 성도는 하나님으로부터 세상으로 보냄을 받았다. 그래서 나는 종교개혁자들이 우리에게 가르쳐 준 완벽하고 아름다운 불가견의 교회의 정의, "세상으로부터 부름받은 하나님의 백성"에 한 가지를 추가하곤 한다. 지상의 교회는 세상으로부터 부름받은 백성인 동시에, 세상으로 보냄받은 그리스도의 제자라는 것이다. 교회가 지상에 존재하는 한 이 양면은 서로 보완되어야 한다. 하나님의 나라가 온전히 임하시면 우리는 세상으로 보냄받을 필요가 없다. 그러나 우리가 세상에 있는 한 이 정의는 절대적으로 필요한 것이다.

　세상과 구별된 특권과 동시에 하나님의 뜻을 이 땅에 이루기 위해 보냄받은 소명이 우리에게 있다. 그러나 오늘날 대부분의 교회들이 구원받았다는 특권만 강조하고, 세상을 정복하라는 부르심은 철저하게 가르치지 못한다. 제자가 되라고 강조하지 않는다. 이러니 교인이 많아질수록 오합지졸이 될 수밖에 없는 것이다. 목 좋은 곳에 하드웨어만 잘 꾸며 놓아도 교회가 안 될 리 없다. 사람들이 가득 차 있는 아파트촌에서 교회를 시작하면 안 될 수가 없다. 사람은 많이 모인다. 그러니 몇 명이 모이는가에는 신경을 쓰지 말자. 교인들을 제대로 훈련시키지도 못하면서 사이즈만 커진다면, 한국 교회가 무력화되는 데에 일조하는 결과말고 무엇을 기대하겠는가. 수만 명, 수십만 명 모인다고 자랑하면서 예배만 요란하게 드리고 행사만 요란하게 치르면서 정작 사람들을 제자로 세우지 못한다면, 그 목회는 하나님의 교회를 망치는 일이 될 것이다. 알차게 훈련을 시키기에는 허리에 해당하는 중소형 교회들이 좋다. 아무리 작아 보이는 사람이라도 천을 이룰 수 있도록, 그리스도의 제자로 만들어 파송할 수 있다.

그럼에도 불구하고 많은 신학생들과 목사 후보자들의 꿈은 '만 명 교회'를 만드는 것이다. 이런 사람들은 절대 목사가 되어서는 안 된다. 나는 대형 교회의 목사 중 한 사람으로서, 내가 만약 제자훈련에 눈을 뜨지 못했다면 어찌되었을까 두려울 때가 많다. 1년에 장례가 450건 나는 교회를 상상해 보라. 교회가 크면 본질에 집중하기보다 비본질적인 것에 많은 시간을 빼앗기게 된다. 그러다 보면 그 큰 사이즈의 교회를 운영하는 데에만 정신이 팔려서 진짜를 놓치는 위험에 처할 수 있다. 대부분의 대형 교회들이 그러한 전철을 밟게 된다. 그러다가 그 교회를 움직이던 중요한 한두 사람이 빠져나가버리면 아무것도 남지 않는다. 기념관이 되는 것이다. 기억하라. 외과 의사는 실수하면 한 사람을 죽이지만, 목사는 실수하면 수천, 수만 명을 죽일 수 있다.

하나님께서는 교회 안의 모든 믿는 자들이 제자, 곧 완전한 자가 될 수 있도록 크게 세 가지를 주었다. 첫째는 성경을 주었다. 둘째는 교역자를 주었다. 그리고 셋째로 모델을 주었다.

먼저, 우리는 하나님의 말씀을 받았다. "…성경은 능히 너로 하여금 그리스도 예수 안에 있는 믿음으로 말미암아 구원에 이르는 지혜가 있게 하느니라 모든 성경은 하나님의 감동으로 된 것으로 교훈과 책망과 바르게 함과 의로 교육하기에 유익하니 이는 하나님의 사람으로 '온전케 하며' 모든 선한 일을 행하기에 '온전케 하려' 함이니라"(딤후 3:15하~17). 하나님이 교회에 성경을 주신 이유는 첫째로 믿지 않는 자들이 구원에 이르게 하려 하심이요, 둘째는 믿는 자들로 온전케 하려 하심이다. 하나님의 자녀가 되게 하고, 하나님의 자녀 된 사람들이 예수 닮게 하시려고 말씀을 주신 것이다.

나는 이 부분에서 존 스토트의 견해를 따른다. '완전한'(텔레이오스)이라는 형용사는 '목적'(텔로스)이라는 명사의 활용으로, 이 '목적'은 하나님이 인간을 만드신 목적을 말한다. 영원히 하나님을 찬양하고 영화롭게 하는 것이 인간의 창조 목적이었다. 장자 되신 예수 그리스도를 완전히 닮은 자로 만드신 것이다. 인간의 타락으로 그것이 깨어졌을 뿐, 본래의 창조 목적은 여전히 살아 있다. 타락한 인간에게 예수 그리스도를 보내심으로 하나님은 인간을 지으신 목적을 회복하려는 뜻을 보여주신 것이다. 그래서 인간은 예수를 보고, 닮아 감으로 창조 목적에 합당한 삶을 살 수 있게 되었다. 이것이 하나님의 목적(텔로스)이다. 그리고 이 목적을 따라 사는 사람은 완전한(텔레이오스) 자가 된다.

이를 위해 하나님은 자신의 감동으로 쓰인 말씀을 주셨다. 우리는 성경을 책으로 보지 않는다. 성경은 우리를 교육하고 책망한다고 했다(딤후 3:16). 어떻게 책이 교육하고 책망하겠는가? 하나님의 말씀에는 살아 계신 예수 그리스도의 인격이 있다. 그래서 우리는 성경에서 예수 그리스도의 인격을 만나 교훈과 책망을 받는 것이다. 살아 계신 주님을 만나는 것이다. 그분의 음성을 통해 우리는 깨우치고, 죄를 회개하고, 나의 어두운 영을 활짝 열어 하나님의 높고 오묘하고 깊은 뜻을 분별하며, 주의 법의 기이한 것을 보게 되는 것이다. 이를 위해 하나님은 우리에게 성경을 주셨다. 이러한 성경을 통해 교훈과, 책망과, 바르게 함과, 의로 교육을 받아 온전한 자가 되는 과정에 이르게 된다. 말하자면 하나님은 자기의 모든 백성이 제자가 되도록 성경을 주신 것이다. 그래서 성경을 통해 제자훈련을 하게 된다.

주님이 승천하시면서 "내가 너희에게 분부한 모든 것을 가르쳐 지키게 하라"고 명령하신 것은 지킬 때까지 가르치라는 말과 같다. 아무리 설교를 잘하고 아무리 열심히 가르쳐도 배우는 자가 지키지 않는다면 안 가르친 것만 못하다. 아무리 많이 배우고 아무리 열심히 공부해도 그 말씀대로 순종하지 않으면 안 배운 것이나 진배없다. 성경은 반복 교육의 중요성을 강조하고 있다. 똑같은 사례가 계속해서 반복되는 것만 보아도 그러함을 알 수 있다. 내 인격이 변하지 않고 내 삶이 바뀌지 않으면 배우지 않은 것이다. 진정한 교회 교육의 엑기스는 사람이 변하고 삶이 바뀌는 것이다. 가르치는 자는 배우는 자가 말씀에 순종할 때까지 책임져야 한다. 이것이 훈련이다. 그래서 훈련에는 목적이 있다. 예수에게까지 자라도록 인격과 삶의 변화를 추구하는 것이다. 이것이 제자훈련이다. 이것을 위해 하나님은 우리 손에 성경을 들려 주셨다.

한국 교회는 정말 열심히 성도들을 가르친다. 어떤 교회는 학원처럼 많은 강의와 화려한 커리큘럼을 개설해 성도들을 가르친다. 열심히 가르치려고 애는 쓰는데, 분명한 목적이 없다. 많이 가르쳐서 많이 알게 하면 좋은 믿음을 갖게 될 것이라는 착각을 하고 있는 것이다. 물론 많이 배워서 믿음이 좋아지는 사람도 있을 것이다. 그러나 문제가 더 많다. 호미 들고 밭 갈던 농경사회에서는 몇 백 명이 앉아 말씀을 배워도 인격과 삶이 변하는 역사가 일어났다. 그만큼 앎이 부족했고, 받는 대로 믿어 자기의 것으로 만들었다. 그러나 지금은 다르다. 정보가 난무하는 이 시대에는 일방적인 주입식 강의만으로는 삶이 변하지 않는다.

또한 단순히 많이 알게 하는 것이 목적이라면, 그 목적은 잘못 설정된 것이다. 제자훈련에 대해서도 이와 비슷한 비판을 하는 이들이 있다. 교인들을 너무 많이 가르쳐서 머리에 뿔이 나게 한다는 것이다. 그리고 뿔이 나면 제일 먼저 교역자를 치받게 되니, 제자훈련 하면 안 된다고 주장한다. 그러나 뿔이 나는 것은 먹이를 제대로 주지 않았기 때문이다. 많이 아는 것을 목적으로 해서 가르치면 머리에 뿔이 난다. 기억력이 좋아서 대답 잘하는 사람이 믿음 좋은 사람, 성숙한 사람으로 인정받다 보면 뿔이 날 수밖에 없다. 성경을 제대로, 그야말로 성경적으로 가르치면 절대 머리에 뿔이 나지 않는다. 예수 그리스도를 닮아 가는 데에 훈련의 포커스를 맞추면, 삶이 변한다. 배우면 배울수록 낮아지기 때문이다. 주님을 알면 알수록 자신의 마음이 비워지기 때문이다. 주님의 영광 앞으로 다가가는 사람이 고개를 쳐들고 아는 체 할 수 있겠는가? 자신이 아는 지

식으로 남을 해칠 수 있겠는가? 그는 주님을 목표로 놓고 자신을 비교하기 때문에 절대 그럴 수 없다. 더 겸손해지고 온유해진다. 그것이 성경의 능력이다.

그래서 제자훈련은 소그룹에서 귀납법적으로 성경에 접근하는 방식을 택한다. 귀납법적 방식은 함께 배우고 함께 은혜를 나누고 함께 성장하는 방식이다. 교역자가 소그룹에 들어가서 말씀을 가르친다 해도, 가르치기만 하는 것이 아니다. 가르치면서 함께 배운다. 평신도 역시 그 자리에 앉아 있지만 배우기만 하는 것이 아니다. 다른 사람들을 가르치기도 하며, 동시에 함께 배운다. 소그룹의 구성원 모두가 은혜를 공유하는 것이다. 서로가 말씀을 얼마나 이해했는지 점검하며, 나누며, 자신의 약한 부분을 고백하며 함께 옷을 벗는 것이다. 이것이 바로 본질에 입각한 귀납법적 소그룹 성경 공부이다.

성경을 바로 가르치면 교인들은 주님을 닮는다. 성경을 잘못 가르치면 교인들은 마귀를 닮는다. 교만하고, 남을 비판하고, 교회 안에 덕을 세우지 못하고, 직분 하나 받으면 교회 안에서 두고두고 쓴 뿌리 노릇을 한다.

내가 교회를 처음 개척했을 때, 서초구에만 이미 40개가 넘는 전통적인 교회들이 들어서 있었다. 나는 부흥 집회도 하지 않았고, 대심방도 하지 않았다. 다만 주부 6, 7명을 모아, 아무도 하지 않는 제자훈련을 시작했다. 그때만 해도 제자훈련이라 하면 이단인 줄 아는 사람도 많았기 때문에 성경 공부를 하자고 하여 시작하게 되었다. 그것조차도 달가워하지 않는 성도들을 어르고 얼러서 딱 한 달만 해 보고 그 다음에 결정하라고 했다.

한 가정의 식탁에 모두 둘러 앉아 제자훈련을 시작했다. 다들 성경 공부라 하니까 모세오경이 무엇이고, 아브라함의 아들에게 쌍둥이 아들이 있었는데, 그들의 이름이 무엇이냐 이런 식의 진행을 생각했던 모양이다. 그러나 어림도 없었다. "그런즉 누구든지 그리스도 안에 있으면 새로운 피조물이라 이전 것은 지나갔으니 보라 새 것이 되었도다"(고후 5:17). 귀납법적으로 시작했다. "김 집사님, 새로운 피조물이 무엇이라고 생각하세요?" 가만히 있다가 대답했다. "예수 믿는 사람을 말하는 게 아닐까요?" "맞습니다. 그리고 새로운 피조물이라는 말은 완전히 새로 만들어졌다는 말입니다. 그러면 오 집사님, 자신이 새로운 피조물이라고 확신하십니까?" 역시 머뭇거리다가 대답했다. "예…." "어떤 계기로 그렇게 확신하게 되셨습니까?" 다들 꿀 먹은 벙어리가 되었다.

생전 이런 성경 공부는 해 본 적이 없었던 것이다. 성경을 교훈과 책망과 바르게 함과 의로 교육하시는 주님의 음성으로 받지 못했던 것이다. 이제껏 성경은 그들에게 책이요, 지식이었다. 남의 이야기였다. 시간이 지나도 적응하지 못하는 그들을 가르치는 것이 사실 정말 힘들었다. 이 핑계 저 핑계를 대며 한 사람씩 빠지더니, 딱 한 사람 남았다. 내 아내였다. 장년을 대상으로 한 첫 번째 제자훈련을 실패한 것이다.

그러나 나는 제자훈련을 포기하지 않았고, 교회가 성장하면서 교인이 백여 명쯤 되자 여섯 개 정도의 소그룹이 만들어졌다. 나는 제자훈련 하느라 일주일 내내 정신이 없었다. 서초구에 들어선 다른 교회들에는 벌써 몇 백 명씩 모인다는데, 계속 이런 식으로 목회할 거냐고 묻는 사람들도 있었지만 나는 그 길만 갔다. 성경이 진리라고 믿었기 때문이다. 성도를 온전케 하는 데 투자하면, 그 후에 열매가 맺힐 것이라고 성경이 말씀하는 대로 믿었다. 그대로라면 그 교회는 목사 혼자 뛰는 교회가 아니고, 그리스도를 닮은 하나님의 백성들이 함께 뛰는 공동체가 되는 것이었다. 지금 몇 명이 모이든, 5년 후면 나와 함께 뛸 평신도가 족히 30~50명은 될 것이라 확신했다. 교인 단 백 명이 모여도 50명의 목사가 뛰는 교회와 수백 명이 모여도 한 명의 목사가 뛰는 교회는 비교 대상이 되지 않을 것이라 생각했던 것이다. 당장은 좀 느리고, 열매가 안 보여도 결국은 이기는 것이 제자훈련이다.

두 번째로 하나님은 교회에 교역자를 주셨다. "그가 혹은 사도로, 혹은 선지자로, 혹은 복음 전하는 자로, 혹은 목사와 교사로 주셨으니 이는 성도를 온전케 하며 봉사의 일을 하게 하며 그리스도의 몸을 세우려 하심이라"(엡 4:11, 12). 평신도 운동은 반(反) 교역자 운동이 아니다. 교역자는 주님이 교회에 주신 귀한 직분 중 하나이다. 사도 시대도 지나가고, 선지자 시대도 지나가고, 이제 남은 것은 전도자(선교사)와 목사와 교사이다. 여기에서도 나는 존 스토트의 입장을 따른다. 헬라어 원문상으로 목사와 교사는 일인이역이다. 원문에 보면, 두 단어에 정관사가 하나만 붙어 있기 때문이다. 목자이면서 가르치는 자가 오늘날의 목회자이다. 목사는 양떼를 돌보고, 사랑하고, 위로하고, 격려해야 하지만, 그것만 하고 있으면 교인들이 자라지를 않는다. 목사는 목자이기도 하지만, 가르치는 자이기도 하다. 성도들이 그리스도의 장성한 분량에 이르도록 성장시키는 것이다. 성숙한 신자, 능력 있는 그리스도인을 만드는 것이 목사의 책임이다.

이렇듯 목회자는 양면을 모두 구비해야 하지만, 나의 견해로는 현대인들에게는 특히 가르치는 자로서의 책임을 다해야 한다고 생각한다. 바울은 감독이 되기를 원하는 사람에게 개인적인 인격의 성숙 외에 딱 한 가지 은사를 요구하는데, 그것이 바로 가르치기를 잘하는 것이다(딤전 3:2). 오늘날 한국의 신학교들이 입학 전에 은사 점검을 하지 않는 것은 큰 문제이다. 아무도 함부로 의사가 되겠다거나, 함부로 판검사가 되겠다고 달려들지 않는다. 그러나 목사가 되는 것이 그보다 훨씬 힘든 일임에도 아무런 검증 과정을 거치지 않고 있다. 내 가슴의 소명이 하나님이 주신 것이라면 그에 필요한 은사도 하나님이 주셨을 것이라고 확신하고, 가르치는 은사가 내게 있는지 객관적인 평가를 받아 본 후에 신학교의 문을 두드려야 할 것이다. 자신이 가르치는 은사가 없다는 것을 뻔히 알면서도 신학교에 입학하는 사람은 남극을 탐험하는 것 이상의 모험심을 가진 사람이라고 생각한다.

주님이 교회에 교역자를 주신 목적은 무엇인가? "이는 성도를 온전케 하며 봉사의 일을 하게 하며 그리스도의 몸을 세우려 하심이라"(엡 4:12). 성도를 온전케 하는 것은 무엇인가? 그 다음 절에서 이에 대해 부연하고 있다. "우리가 다 하나님의 아들을 믿는 것과 아는 일에 하나가 되어 온전한 사람을 이루어 그리스도의 장성한 분량이 충만한 데까지 이르리니"(엡 4:13). 예수를 아는 지식과 신앙은 일치해야 한다. 내가 아는 것과 내가 믿는 것이 동일해야 한다. 그리고 나아가서 온전한 사람이 되는 과정에 발을 들여놓아야 한다. 그래서 그리스도의 장성한 분량이 충만한 데까지 성장하는 것이다. 여기서 장성한 분량이란 다 성장한 어른의 키를 말한다. 그리스도의 키까지, 그것도 충만하게 자라는 것이다. "범사에 그에게까지 자랄지라"(엡 4:15중). 교회에 교역자를 주신 목적은 성도를 온전하게 만드는 데 있다. 그래서 제자훈련을 교역자에게 맡기는 것이다.

그런데 많은 목회자들이 성도를 온전케 하는 제자훈련에 손을 못 댄다. 너무 힘들어서 엄두를 못 내는 것이다. 주일 설교 하고 다른 행정 업무 보는 데도 정신이 없다. 게다가 제자훈련까지 하면 골병 들게 생겼으니 겁을 낸다. 웬 목회를 그렇게 어렵게 하느냐고 고개를 흔든다. 목사 체면이 있지, 여남은 명 되는 주부들 틈에 껴서 서너 시간 동안 같이 공부하겠느냐고 지레 겁먹는다. 평신도가 감히 목사와 한 자리에 앉는다는 것이 부담스러운 것이다. 성경이 말하는 목회를 아직 모르는 사람들이다.

또한 봉사의 일을 하기 위해서 하나님은 교회에 교역자를 주셨다. 이 말은 교역자가 일한다는 말이 아니라, 평신도가 일한다는 말이다. 말하자면 평신도가 뛸 수 있도록 교역자가 장을 만들어 주어야 한다는 뜻이다. 이렇게 해야 그리스도의 몸인 교회가 성장할 수 있다. 그리고 전 세계에 하나님 나라가 점차 임하게 되는 것이다. 이것이 바로 그리스도의 몸을 세우는 것이다.

그런데 오늘날 대부분의 교회에서는 성도를 온전케 하는 일은 제쳐 두고 봉사만 시킨다. 새벽기도 나오고, 예배 시간에 꼬박꼬박 앞자리에 앉고, 돈 좀 있는 것 같으면 장로 시키는 것이 한국 교회의 풍토이다. 성도를 온전케 하는 일에 투자하기보다 일부터 시킨다. 직분부터 준다. 그리고 그 사람들이 그리스도의 몸을 온전히 세워

갈 것이라는 잘못된 소망을 붙들고 있다. 사람에게 먼저 투자하는 것은 시간이 많이 걸린다. 그리고 진통도 있다. 그러나 이만큼 확실한 길이 없다. 사람이 먼저고 그 다음이 일이다.

예수님도 세상에 계실 때 일하고 행사하느라 시간을 다 보내지 않으셨다. 주님이 마지막까지 정성을 쏟으신 것은 별 볼 일 없는 12명의 제자들이었다. 그들이 자신을 닮도록 하기 위해서 전력을 쏟으셨다. 그리고 승천하시면서 이렇게 명령하셨다. "그러므로 너희는 가서 모든 족속으로 제자를 삼아 아버지와 아들과 성령의 이름으로 세례를 주고 내가 너희에게 분부한 모든 것을 가르쳐 지키게 하라"(마 28:19, 20상). 칼 바르트(K. Barth)는 이 본문을 놓고 이렇게 주석했다. "베드로야, 너는 가서 너를 닮은 사람을 만들어라." 이것이 제자훈련의 핵심이다.

베드로는 3년 동안 주님을 배웠다. 그리고 자신도 모르게 주님을 닮아 갔다. 베드로의 모델은 주님이었다. 그런데 베드로가 나가서 제자를 만든다면, 먼저 누구를 닮게 만들겠는가? 자기 자신을 닮도록 만들 것이다. 제자는 제자가 낳는 것이기 때문이다. "내가 그리스도를 본받는 자 된 것같이 너희는 나를 본받는 자 되라"(고전 11:1). 예수님과 제자 사이에는 눈에 보이는 모델이 존재하게 되어 있다. 성도들이 예수의 인격이 무엇이며, 제자가 되는 것이 무엇인지 배울 수 있도록 다리 역할을 해 주는 것이 교역자의 할 일이다.

그리고 그후에 그리스도를 닮은 사람 중에 봉사하는 사람은 저절로 나오게 되어 있다.

그러나 이 순서를 지키는 사람은 많지 않다. 쉬운 것부터 하려고 한다. 사람을 만드는 것이 우선이다. 사람이 준비되어야 일을 맡길 수 있다. 장로 되려고 성경 공부 하는 사람이 얼마나 많은가. 교회에서 하는 각종 성경 공부가 장로 고시 과정이 되고 있다. 그런 식으로 얄팍하게 교인들을 가르치니 문제가 생길 수밖에 없다. 반드시 기억하라. 본질을 지키지 않으면 종국에 얻게 될 결과는 뻔하다.

사랑의교회를 개척하고 5, 6년 후엔가, 100m 남짓 떨어진 상가에 있던 교회가 나가면서 그 자리에 불당이 들어섰다. 십자가 첨탑에는 만(卍) 자가 붙었고, 사람들이 드나들기 시작했다. 그때만 해도 그 불당이 그렇게 유명해질지는 몰랐다. 조금씩 사람들이 모이더니, 얼마 후에는 부인들이 바인더를 손에 들고 낮이고 밤이고 줄을 지어 그 불당을 찾았다. 알고 보니 그 불당에는 지광스님이라는 이가 있었는데, 일간지 기자 출신에 본래 가톨릭 신자였다고 한다. 그는 유신 때 수배자 명단에 올라 퇴학을 당하고 지리산 토굴에 어떤 승려와 함께 숨어 살게 되었는데, 그것이 인연이 되어 불교에 귀의하게 되었다고 한다.

그런데 그 사람이 강의 중에 이런 말을 했다고 한다. "우리 능인선원 옆에 교회가 하나 있는데, 그 교회가 참 활기차고 하도 유명해서 그 비결이 무엇인가 하고 보았더니, 제자훈련이라는 걸 합니다. 제자훈련이 성경을 많이 가르치는 것이라니, 우리 불교도 사는 길은 불경을 열심히 가르치는 것이라 생각하게 되었습니다." 그래서 그도 제자훈련을 시작하게 되었단다. 그런데 그 불당이 후에 얼마나 부흥을 했는지, 아주 유명해져서 큰 사찰을 지어서 그 상가에서 나갔다. 그리고 그 유명한 불교 대학을 시작했다. 제자훈련을 체계적으로 한 것이다. 불교를 살리는 길은 불제자를 만드는 데 있다며, 지금도 열심히들 하고 있다고 한다.

내가 이 소식을 듣고 기가 찼던 것은 절에서도 되는 제자훈련을 왜 교회에서 못하느냐는 생각이 들어서였다. 성령의 원칙을 따르지 않기 때문이다. 사람을 먼저 세워야 한다는 본질을 기독교가 무시하니 공산주의가 이것을 차용하였다. 바로 골수분자를 만드는 것이었다. 시시해 보이는 사람이라도 한 사람만 골수분자가 되면, 한 마을이 들썩이게 된다는 사실을 그들은 알고 있었다. 그러한 전략으로 그들은 반세기도 안 되어 세계 지도의 반을 빨갛게 물들여 놓았다. 하나님이 가르쳐 주신 본질을 교회가 등한히 하고 쉬운 길만 찾으니, 마귀가 그것을 도둑질하여 하나님은 없다고 소리치고 있는 것이다. 그런데도 목회자들은 무엇이 잘못됐는지, 어디에서 구멍이 났는지 아직도 알지 못한다. 교역자를 교회에 주신 본연의 의미를 파악하지 못하고 목회하고 있으니 될 리가 없다. 에즈라 바운드는 이런 말을 남겼다. "세상은 좋은 방법을 찾지만, 하나님은 좋은 사람을 찾으신다." 하나님이 택하시는 가장 좋은 방법은 사람이다.

또한 하나님은 제자훈련을 위해 모델을 주셨다. "우리가 그를 전파하여 '각 사람'을 권하고 모든 지혜로 '각 사람'을 가르침은 '각 사람'을 그리스도 안에서 완전한 자로 세우려 함이니 이를 위하여 나도 내 속에서 능력으로 역사하시는 이의 역사를 따라 힘을 다하여 수고하노라"(골 1:28. 29). 하나님이 성경을 주시고, 교역자를 주시고, 모델을 주신 데에는 완전한 자를 만들기 위함이라는 공통의 목적이 있다. 우리는 이 말씀에서 바울의 목회 비전과 목회 철학을 엿볼 수 있다. 골로새교회는 바울이 개척한 교회가 아니다. 추측컨대, 바울이 에베소에서 3년 간 사역할 때 골로새에서 에바브라와 같은 사람들이 와서 회심하고 제자훈련을 받은 뒤 돌아가 교회를 개척한 것 같다. 따라서 에바브라는 바울에게 배운 그대로 골로새교회를 목회했다. 그렇기 때문에 바울은 자신이 개척한 교회가 아님에도 불구하고 골로새교회를 향해 이런 말을 할 수 있는 것이다. 자신의 제자인 에바브라가 목회하는 교회는 자신이 목회하는 교회나 다름없었다. 바울은 위대한 선교사였다. 전 세계를 복음화하겠다는 원대한 꿈을 가진 사람이었다. 그러나 골로새교회를 향한 그의 목회 철학은 단순했다. 골로새를 복음화하는 것도 아니고, 3,000명 모이는 교회를 세우는 것도 아니었다. 그의 목회 철학은 한 사람을 완전한 자로 세우는 것이었다. 이것이 바울이 보여 준 목회의 원형이다. 이 외의 것들은 모두 부수적인 것들이다. 이에 비추어 볼 때, 겉모습에 치중하는 우리의 목회가 얼마나 변질되었는지 잘 알 수 있다.

제자훈련의 대헌장(골 1:28, 29)에서 보는 바와 같이 제자훈련의 주제는 그리스도이다. 그 외의 다른 것을 보태면 안 된다. 예수님만 보여야 한다. 목사의 제자를 만들어서는 안 된다. 예수님만이 주제가 되어야 한다. 전파하고 가르치고 권면하는 예수님의 사역을 그대로 계승하는 것이 제자훈련이다. 제자훈련의 현장에서는 예수님의 사역이 그대로 재현된다. 전파하는 사역(preaching), 가르치는 사역(teaching), 치유하는 사역(healing)이 제자훈련의 현장에 나타나는 것이다. 전파하는 사역을 통해 복음을 듣고, 가르치는 사역을 통해 변화받아, 영과 육이 치유를 얻는다. 권면하는 역사가 일어나며, 이것을 삶에 적용하는 기적이 일어난다. 주님이 하시던 사역이 재연되는 것이다. 그리고 개인이 실종되지 않는 예수님 주변의 환경 그대로 소그룹으로 실현돼, '각 사람'을 중시한다. 십여 명 정도의 인원이 모여 앉아 말씀을 나누는 그 자리에서 역사가 일어난다. 거기에서 교역자가 변한다.

바울은 각 사람을 완전한 자로 세우기 위해 자기 안에서 역사하는 성령의 능력에 전적으로 의존했다고 고백한다. 또한 인간으로서 자신이 쏟을 수 있는 모든 힘을 쏟았다고 말한다. 그는 은혜와 자기 노력의 균형을 갖춘 지도자였다. 어떤 목회자는 매일 산에 가서 나무뿌리 잡고 "주여! 주여!" 외칠 뿐 책 한 권을 읽지 않는다. 또 어떤 목회자는 매일 책상 앞에만 앉아서 자신의 지식과 노력을 의지한 채 하나님의 능력은 전혀 구하지 않는다. 진짜 목회는 성령의 능력과 인간의 노력 두 가지가 결합이 될 때 힘 있게 일어난다는 것을 바울이 보여 주었다. 이것이 주님이 교회에 주신 목회의 모델이다.

월간 <디사이플> 2003년 11월호에 실렸던 한 제자훈련 현장의 이야기이다. 전라남도 녹동에는 교인이 400여 명 모이는 녹동제일교회가 터줏대감 노릇을 하고 있었다. 녹동 전체 인구가 7,000명밖에 되질 않으니, 그만하면 제법 큰 사이즈의 교회였고 1927년에 세워진 만큼 교인들의 자부심도 대단했다. 그런데 1977년에 녹동중앙교회라는 새로운 교회가 하나 들어섰다. 얼마간 씨름을 하는데도 출석 교인이 몇 십 명에서 제자리걸음을 할 뿐, 영 부흥하지 않았다. 그런데 그 교회에 강원준이라는 담임목사가 새로 부임했고 얼마 안 있어 녹동중앙교회에서 제자훈련을 시작하게 되었다. 4, 5년 간은 겉으로 보기에 아무런 변화의 조짐이 보이지 않았다. 그러나 안에서는 엄청난 변화가 일어나기 시작했다. 먼저 목회자가 변했다. 뒤이어 제직들이 변하고 교인들이 변하기 시작했다. 그리고 점점 밖으로도 소문이 퍼져나가기 시작했다. 녹동중앙교회가 부흥한다는 소식이었다.

결국은 녹동중앙교회와 녹동제일교회의 교세가 비슷해졌다. 터줏대감 노릇을 해 오던 녹동제일교회 장로들은 고민에 빠졌고, 마침 담임목사가 은퇴하면서 새로운 목회자를 청빙해야 할 시점이었다. "자, 우리도 제자훈련을 해 보자!" 장로들은 신문에 담임 목회자 청빙 광고를 내면서, 조건으로 '제자훈련을 할 수 있는 목회자'라는 항목을 추가했다. 그리하여 김용희 목사가 녹동제일교회에 부임하게 되었다. 장로들은 어서 녹동중앙교회처럼 제자훈련을 시작하자고 재촉했지만, 김 목사는 터다지기 과정부터 차근차근 밟아나갔다. 먼저 당회원들과 함께 전국의 제자훈련 모델 교회들을 탐방하러 다녔다. 제자훈련의 비전을 내 것으로 만들기 위해서였다. 장로들의 눈이 열렸고, 그후에 녹동제일교회는 제자훈련을 시작했다. 그리고 무엇보다 녹동중앙교회의 강 목사와 녹동제일교회의 김 목사가 손을 잡고 녹동 지역사회를 위해 협력하기 시작했다. 한 배를 탄 동지의식을 갖고 연합예배를 드리기도 하고, 지역 복음화를 위한 연합행사를 갖기도 한다. 그리고 이 두 교회로 인해 녹동이 변하게 되었다.

15년 전쯤인가, 한 신학대학원에 제자훈련 특강을 하러 간 적이 있다. 질문 시간이 되었는데, 한 젊은 목사 한 사람이 손을 들고 일어났다. "듣자 하니 목사님이 말씀하시는 제자훈련이라는 것은 잘 배우고 잘 살고 시간적인 여유가 있는 사람들이 사는 서울 강남에서나 통할 듯합니다. 하지만 저처럼 인천 달동네에서 개척한 목회자들에게는 남의 이야기 같습니다. 우리 동네에서는 세 명이 둘러 앉을 수 있는 방도 없는 집이 대부분입니다. 새벽 일찍 함지 이고 나가 밤늦게 들어오는 교인들이 대부분입니다. 이런 환경에서도 제자훈련 할 수 있다고 생각하십니까?" 진지한 질문이었다. 나는 그 질문을 받고 기도했다. '가벼이 대답하지 않게 하옵소서.' 성령께서 내게 지혜를 주셨고 나는 대답했다. "목사님이 왜 그런 질문을 하시는지 충분히 이해가 되었습니다. 제가 질문을 하나 먼저 드려도 실례가 안 되겠습니까?" 그의 허락을 받고 나는 질문했다. "목사님, 만일 인천 달동네에 옥한흠이라는 목사가 가서 교회를 개척했다면, 제자훈련을 했겠습니까, 안 했겠습니까?" 그랬더니 그는 피식 웃으며 "목사님이라면, 했겠죠" 하고 멋쩍게 대답하며 자리에 앉았다.

그런데 정말로 15년 전쯤, 아스팔트도 깔리지 않은 인천 달동네에서 천막 쳐놓고 교회를 시작한 젊은 목사가 있었다. 그는 열정을 쏟아 목회를 했지만, 잘 되지 않아 목회를 포기하려고 기도원에 들어갔다. 그런데 그곳에서 말씀을 읽던 중에 그의 눈에 "가르친다" 라는 단어가 계속해서 들어왔다. '나는 가르치지 않았는데…' 결국 그는 교회 문 닫을 명분은 찾지도 못하고 '가르친다' 라는 단어만 들고 기도원에서 내려왔다. 그러던 중에 제자훈련지도자세미나의 소식을 듣고 참석해 눈을 뜨게 되었다. '내가 갈 길은 이것이다.' 그리고 그는 인천 달동네에서 제자훈련을 시작했다. 이것이 지금 1,500명의 교인이 출석하는 인천 은혜의교회이다. 이 교회에는 교역자라고는 담임목사인 박정식 목사 한 사람이다. 그리고 모든 사역이 제자훈련을 받은 평신도 사역자들의 손에 의해 움직이고 있다.

전에는 제자훈련은 잘 배우고 잘 사는 지역에서만 가능하다고들 했지만 농촌에서도, 어촌에서도 제자훈련을 통해 교회의 체질이 변하고 있음을 수없이 볼 수 있다. 중요한 것은 지도자가 누구냐의 문제이다. 환경이나 교인들의 수준은 문제가 아니다. 제자훈련에 대한 분명한 철학과 실제를 가지고 있는 사람이라면, 어디에 가도 제자훈련을 할 것이다. 목회의 본질은 양보할 수 없는 것이기 때문이다. 문제는 지도자가 얼마나 준비되었느냐에 있는 것이다.

마지막으로 당부하고 싶은 것은 목회의 본질을 놓치지 말라는 것이다. 본질이 아닌 것을 붙들고 씨름하는 것은 시간 낭비일 뿐이다. 다시 한 번 하나님의 말씀을 주의 깊게 읽어 보라. 정말로 양떼들이 신뢰하고 전적으로 따를 수 있는 지도자로 거듭나라. 하나님은 그런 사람을 통해 역사하신다. 그리고 그런 목회자가 목회하는 교회를 통해 이 땅에 하나님의 나라가 임하실 것이다. 하나님의 역사는 절대 교회의 사이즈에 제한받지 않으신다.

또한 하나님이 당신을 개인적으로 부르시고, 개인적으로 사명을 주신 것과 같이 평신도들에게도 동일하게 행하신다는 것을 잊지 말라. 그래서 그 귀한 양떼들이 강대상 아래에만 모였다 흩어지게 하지 말고, 하나님과의 인격적인 만남을 갖도록 적극적으로 주선하라. 예수 닮아 가는 삶이 어떠한 것인지 당신의 삶을 통해 보여 주라. 교회의 주체로, 본래 있어야 할 자리에 있게 하라. 교인들 머릿수만 세다 끝낼 목회라면, 지금이라도 그만 두라. 양적 성장을 노리는 제자훈련이라면, 아예 시작도 말라. 그게 차라리 하나님 나라 확장을 위한 일일 것이다.

목이 곧고 배가 부른 이 땅의 목회자들에게는 낮아지는 자세와, 말씀을 보는 열린 눈이 필요하다. 이를 위해 끊임없이 기도하고 자신을 돌아보는 자들이 되자. 소망이 없어 보이는 한국 교회라 해도, 구하는 자에게 하나님은 주신다고 분명히 약속하셨다.

나는 100년 전 이 땅의 평신도들로부터 일어났던 들불 같은 복음의 폭풍이 21세기 초두에 다시 몰아칠 것을 기대한다. 그리고 오직 무릎으로, 행동하는 믿음으로, 한 사람을 세우는 목회로 갱신하